走进学习科学丛书 / 盛群力　主编　　邢天骄　副主编

学生是如何学习的

从学习科学到高效教学

How Learning Works

A Playbook

［美］约翰·阿尔马洛德 / 道格拉斯·费希尔 / 南希·弗雷　著

邢天骄 / 何珊云　等译　　　盛群力　审订

中国人民大学出版社

·北京·

Contents
目 录

第二部分

第四部分

前　言

本书探讨了学习是如何发生的。学习不是碰运气，而是靠设计。学生如何学习？我们如何通过设计课堂、学习体验和任务，将这些与学习科学相关的知识用于促进高质量学习？我们希望学生能够有效地学习与重点学科相关的内容、技能和理解。从英语课中的推理判断、环境科学课中的森林砍伐、艺术课中的透视，到体育课中的空间意识，内容涵盖诸多主题和创意，跟课堂上的学生一样多样化。此外，与每个学科相关的内容、技能和理解都不是孤立的，而是同社会、情绪、情感和语言学习息息相关。仅仅将学习定性为"读、写、算"，与我们在课堂上力求达到的高度复杂的、多维度的、令人向往的学习相去甚远。学习应该是灵活、持久且实用的。

下面我们以丽贝卡·安德森女士（Rebecca Anderson）充满活力的一年级课堂为例。在这堂课上，她的学生正在学习等式。以下是她如何澄清并阐明当天的教学内容。

学习目标	达标要求
今天，我将学习相等的算式， 比如，$17-5 = 16-4$。 今天，我还要学习向同学讲解数学 思维的重要性。	完成本模块学习后，我能够： • 描述数学中"相等"的含义。 • 确定两个算式是否相等。 • 用不同的模型解释自己的想法。

除了"学习目标"和"达标要求"中明确规定要掌握的内容，请在下一页的空白清单中列出安德森女士的学生应该知道、理解和掌握的拓展知识。第一行作为示例已填写。

1. 用不同的模型表示"相等"。

2.

3.

4.

5.

6.

7.

安德森女士在"学习目标"和"达标要求"中清楚地阐述了学生应该知道、理解和掌握的知识。但学生学到的不仅仅是这些。有些方面是安德森女士没有明确说明的。例如，学生必须学习数学论证中涉及的语言、如何构建数学论证的框架、用不同的模式解释自己的思考，以及努力解决问题和与同伴互动时的社会、情绪和情感策略。换句话说，安德森女士对学生学习的期望远比确定 $17-5$ 是不是等于 $16-4$ 要复杂、广博和深远。学习理应如此。这个例子的基本观点是，学习是复杂的、多维的，因此，学习体验应该精心设计，不能靠运气。让我们再看另一个示例。

贝蒂·迪克森（Betty Dixon）使用露易丝·劳瑞（Lois Lowry）的《记忆传授人》（*The Giver*）作为下一页 4 个标准的核心文本（National Governors Association Center for Best Practices, Council of Chief State School Officers，2010）。

1. CCSS.ELA-Literacy.RL.8.2.[①] 确定一个文本的主题或中心思想，分析它在文章中的发展，包括它与人物、背景和情节的关系；客观地总结文本。

2. CCSS.ELA-Literacy.RL.8.3. 分析故事或戏剧中特定的对话或事件如何推动情节，揭示角色的某些方面或导致某个结果。

3. CCSS.ELA-Literacy.RL.8.4. 确定单词和短语在文本中的意义，包括比喻和隐含含义；分析特定的词汇选择以及不同文本间的类比或引喻对词义和语气的影响。

4. CCSS.ELA.W.8.3b. 使用叙事技巧（如对话、故事发展速度、描述和反思）来展开经历、事件和人物角色。

在这个特定的例子中，我们的重点不一定是显性的或隐性的学习目标和达标要求，而是学习的迁移。迪克森女士希望学生不仅要学习主题，还要学习对话和人物的行动如何推动情节发展，了解单词和短语的比喻和隐含含义，以及作者使用的叙述技巧。她希望学生能将这种学习迁移到其他场景中，并在独立阅读时应用这些语言文学技能。同样，这一过程也是复杂的、多维的，需要教师精心设计学习体验，使学生既能学到思想和知识，又能将其迁移到新的环境中。

本书作者想做的正是类似以上两个例子中的事。了解"学习是如何发生的"有助于我们为学生设计学习体验，提升学习成效。换句话说，在安德森女士和迪克森女士在为学生设计学习体验时，"学生是如何学习的"这个问题的答案如何影响她们的决定？此外，在学生逐步成为独立学习者的同时，他们如何从理解学习中受益？

---

① 为方便读者查找原标准，此处保留了英文，详见美国《共同州立核心标准》（*Common Core State Standards*）。——译者注

本书写作目的

本书写作的目的是仔细研究"学生如何学习",以便我们能够更好地设计符合学习规律的学习体验。在本书中,我们将解读学习科学,设计将学习科学转化为有效学习原理和实践的学习体验。这一过程包括运用促进学习的教学方法和策略,以及通过生成和收集学习的证据来"监测"我们对学生产生的影响。理查德·梅耶(Richard Mayer)断言,"如果你想帮助人们学习,你最好能了解一些学习的原理"(2011,p. vii)。本书的各个模块将着重增进你对"学生如何学习"的理解,将教师置于工作中心,使你在课堂上能更好地利用这些理解(见图 0.1)。

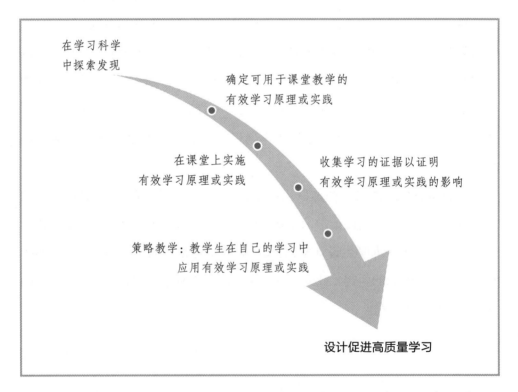

图 0.1 设计促进高质量学习

然而，你可能也注意到了，图中最下方的"设计促进高质量学习"（great learning by design）是一种策略教学。在本书中，我们还将探讨如何让学生更好地了解自己是如何学习的，了解促进、帮助和保持学习的工具。我们希望学生在自己的学习中发挥主观能动性，选择最有效的工具助力学习。

在线资源 👆

获取介绍本书目的的视频，请访问配套网站：resources.corwin.com/howlearningworks。

模块化学习计划

根据韦氏词典的定义，"playbook"（策略手册）应包含团队完成共同目标和解决问题可使用的策略和方法。本书就是这样一本策略手册。

在本书中，共同目标是将学习科学的有关成果转化为有效学习原理和实践。教师可在课堂上运用这些原理和实践，学生也可以在自己学习时使用。因此，后续的每个模块都是为了帮助你掌握这一过程。就像我们之前推出的其他策略手册一样，前言之后的模块不一定要按顺序完成，也无须一次完成。教练及其团队如想完成任务，则可以选择最适合当前环境或情境的策略。例如，一个足球队是使用叠瓦式跑动、撞墙式传球将传球范围扩大，还是让边锋传球，取决于当前足球场上的情况。足球场上的情况是多变的，也是复杂和多维的。最后两个描述词（复杂和多维）听起来很熟悉——我们就是这样描述安德森女士、迪克森女士和你的课堂上的学习情况的。如果当前的环境或情况需要本手册中的某个模块，你的团队就应该利用它。因此，我们对本书内容做了如下规划。

本书由四个部分组成（见下页表0.1）。第一部分将描述课堂上的学习、不同的思考学习的方式、学习的障碍，以及探索学习科学的主要发现，以此来解读学习科学。在你的课堂上学习意味着什么？学习科学提供的有效学习原理和实践可以在我们的课堂上发挥作用。然而，我们必须对这些原理和实践进行调整，以反映课堂的实际情境，然后得到证据，使教师和学生都能确定学习是否已经发生。因此，我们必须花时间去发现并明确学习的定义，即在我们自己的课堂上，在当前分学科、分年级的背景下，学习是什么样的。在此基础上，我们将评估学习科学的某一具体发现是否属于有效学习原理和实践。

表0.1　本书内容概览

章节	重点
第一部分	
模块 1	在你的课堂上，学习是什么样的
模块 2	有哪些不同的思考学习的方式
模块 3	学习的障碍有哪些
模块 4	学生如何学习
第二部分	
模块 5—11	有效学习原理和实践
第三部分	
模块 12—18	直接策略教学
第四部分	
模块 19	生成与收集证据

本书的第二部分仔细研究了学习科学中的有效学习原理和实践。然而，这些模块提供的不仅仅是原理和实例的概述，更是如何根据各个班级的实际情况调整原理和实践（或干预措施）（见下页图0.2）。

接下来，我们把注意力转移到培养学生的自主学习能力上。学生的学习策略有可能大大促进学习（Visible Learning Meta[x]，2021）。这是本书第三部分的重点。学习策略工具包括总结归纳、间隔练习、交错练习、精细询问和迁移策略等。如果能有效运用这些策略，那么学生就能更好地学习。

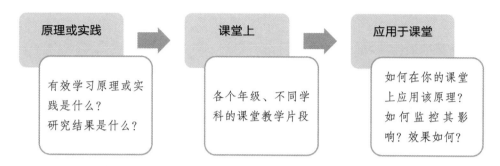

图 0.2　运用有效学习原理和实践

第三部分中的每个模块都将采用从扶到放的方式。教师可以在课堂上教授学生学习策略。与前面的模块一样，我们都强调根据你个人课堂的实际情况来调整学习策略——利用学习策略来克服学习障碍（见图 0.3）。

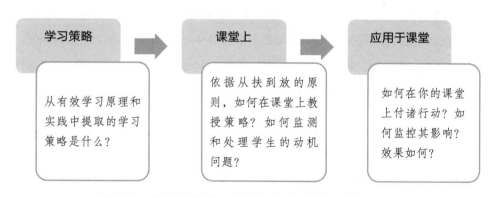

图 0.3　依据有效学习原理和实践提供学习策略教学

在线资源

获取更多关于学习策略的资料，请访问配套网站：resources.corwin.com/howlearningworks。

学习策略教学可以培养学生的能力和提高其自我效能感，因为在这一过程中学生超越了具体的学习，走出了课堂。我们希望学生成为自己学习的主人，并且在没有教师的指导时仍能知道该如何继续学习。这些模块将在以下方面帮助学生。

➜ 选取最佳学习工具助力学习。

➜ 获取学习反馈信息。

➜ 监控学习进程。

➜ 必要时对学习做出调整（Frey et al.，2018）。

> **在线资源**
>
> 获取有关教授学生学习策略的重要性的视频，请访问本书配套网站：resources.corwin.com/howlearningworks。

本书的最后部分着重于生成和收集有关影响力的证据。有效学习原理和实践是否影响了学生的学习？评价的第一个方面是聚焦评估思维，并关注生成学习证据的必要性。最后这一模块强调，我们视自己为证据的生成者——验证学习，挑战学生，而不是学习的评判者。本模块中的任务将引导学生对理解的发展做出检查，为学生提供反馈的机会，从而生成学习的证据。这就要求我们直接与学生讨论他们的学习情况。利用生成的证据，我们如何将这些讨论从关注成绩（即对学生和学习进行评判）转向学生的自我反思、自我监控和自我评价（例如，一对一的谈话、错误分析、学生主导的会议、确立目标、进度监控）。因此，教师的职责是提供互惠和有效的反馈，重点在于给予和接收有关学习的信息。

> **在线资源**
>
> 获取有关评估影响力重要性的视频，请访问本书配套网站：resources.corwin.com/how learningworks。

在模块中学习

每个模块都有一个特定的重点，解释模块内的观点，以确定目的（学习目标）。随后，该模块会把模块目标与学习科学的具体发现联系起来。本书的配套网站上有许多资料，有助于将学习科学的发现转化为课堂实践。大部分资料都是关于学习科学或将其转化为课堂实践的开创性作品。当你看到 20 世纪 70 年代的文章时，请不要惊慌。这只是意味着该研究是首个报告特定发现的研究，或是它确立了领域所有后续研究的"黄金标准"。例子涵盖了小学、初中和高中的内容、技能、实践、处理、理解等。从学习数学中的位值到写一篇议论文，我们力求提供大量案例来说明这些原理和实践如何潜移默化地影响课堂。

合作创优质

本书的每个模块都可以在各个年级和各个学科进行实践和应用。你可以在练习部分写下自己的答案。你可以依据实际条件与同事进行讨论。尽管本书可以用于个人学习，但要转化和实施有效学习原理和实践，最好是与同事一起集思广益。我们建议与责任伙伴和指导教师一起使用或用于共同计划和 PLC+[①]会议（见 Fisher et al., 2020）。

我们先从责任伙伴说起。在共同计划或你的 PLC+ 会议期间使用本书可能不太现实。你可能更愿意与不同学科或其他学校的同事合作。

---

① PLC+ 是 Professional Learning Community Plus 的简称，指加强版的专业学习共同体。在该共同体中，参与者需要最大限度贡献个人专业知识并充分与同行进行交流与协作。——译者注

你和这位同事可以通过一些模块参与任务，根据课堂实际情况调整有效学习原理、实践和干预措施，并评估其影响。你们将作为责任伙伴，增进对学习如何发生的理解，并在设计课堂、学习体验和任务的过程中利用这些新知识。

合作使用本书的第二种方式是与指导教师一起工作。指导教师可以提供一个外部视角，来观察课堂教学和学习。他们可以在正确的时间给予正确的反馈。与指导教师就学习如何发生、如何设计学习体验和学习任务展开批判性对话并一起评估对学生学习的影响，对我们自己的专业成长非常重要。

最后，本书可以促进 PLC+ 会议的对话（Fisher et al.，2020）。我们相信，你可以将本书内容作为工具，支持你在 PLC+ 会议中所做的工作。PLC+ 的以下五个指导性问题，有助于你将注意力持续集中在学生的学习上。

→ 我们的目的是什么？

→ 现在做到哪一步了？

→ 我们如何促进学习？

→ 我们今天学了什么？

→ 谁受益了？谁没有受益？（Fisher et al.，2020，p.8）

在线资源

获取有关合作的视频，请访问本书配套网站：resources.corwin.com/howlearningworks。

在 PLC+ 会议中，教师需要确定学习目标并讨论教学思路。他们会聚在一起回顾学生的学习，弄清楚其努力是否有成效，还会讨论那些需要额外指导或支持的学生（见下页表 0.2）。回顾一下理查德·梅耶说过的那句话："如果你想帮助人们学习，你最好能了解一些学习的原理。"在此过程中，我们最好同心协力，共建学习者共同体。

无论你是有一个责任伙伴、指导老师，还是拥有非常有效且高影响力的 PLC+，合作的优点是使你有机会围绕自己和学生的学习情况进行批判性对话。

表 0.2　本书如何支持 PLC+ 工作

PLC+ 问题	相关模块
我们的目的是什么？	模块 1　在你的课堂上，学习是什么样的 模块 2　有哪些不同的思考学习的方式
现在做到哪一步了？	模块 3　学习的障碍有哪些 模块 4　学生如何学习
我们如何促进学习？	模块 5　有效学习原理 1：激发动机 模块 6　有效学习原理 2：集中注意 模块 7　有效学习原理 3：精细编码 模块 8　有效学习原理 4：提取和练习 模块 9　有效学习原理 5：认知负荷 模块 10　有效学习原理 6：积极困境 模块 11　有效学习原理 7：及时反馈
我们今天学了什么？	模块 12　直接策略教学 模块 13　学习策略 1：确立目标 模块 14　学习策略 2：整合旧知 模块 15　学习策略 3：总结归纳 模块 16　学习策略 4：绘制图示 模块 17　学习策略 5：自我检测 模块 18　学习策略 6：精细询问
谁受益了？谁没有受益？	模块 19　生成与收集证据

接下来，我们一起来了解一下学生是如何学习的！

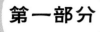

第一部分

本部分包括：

模块 1　在你的课堂上，学习是什么样的

模块 2　有哪些不同的思考学习的方式

模块 3　学习的障碍有哪些

模块 4　学生如何学习

模块 1

在你的课堂上，学习是什么样的

学习目标	达标要求
了解在我的课堂上，学习有何特点。	完成本模块的学习后，我能够： •描述在我的课堂上，学习有哪些方面。 •描述在我的课堂上，学习是什么样的。

本书前言第二句中出现了两个非常重要的词——"运气"和"设计"。我们首先要深入探讨这两个词的内涵，然后再继续回答本模块的核心问题。

在下方的横线上填入这两个词。

学习不是碰_____，而是靠_____。

我们喜欢词源学，即对词语寻根究底。在你眼里，词源学可能并不好玩，但对"运气"和"设计"这两个词的考究为本书提供了有价值的视角，也赋予了我们写作本书的使命感。例如，根据韦氏词典（2021a），"chance"（运气）有五项含义：

1. 无明显意图或看得到的原因而意外发生的事情。

2. 有利于达成某种目的的情况。

3. 棒球比赛中的防守机会。

4. 未知情况下出现某种特定结果的可能性。

5. 风险或奖券。

请注意，每项含义中都含"难以控制或预测结果"之意。即使是"棒球比赛中的防守机会"这项与我们的讨论相关性不大的含义，其防守机会也完全取决于击球手是否朝你击球。下面我们看看"design"（设计）的含义（Merriam-Webster，2021b）。

1. 依计划创造、进行、实施或建构。

2. 在脑海中构思和计划，为实现特定的功能进行发明。

3. [古] 用独特的符号、标记或名称来表示。

4. 绘图、建模或打草稿，制订计划。

与"chance"的五项含义相比，这四项含义重视目的、意向和思考。在学习方面，这一对比再怎么强调都不为过，对我们学校中和课堂上的年轻学生而言，尤其如此。不论是在安德森女士的一年级课堂上学等式，还是在迪克森女士的英语课上学可迁移的读写技能，学习都不应是碰运气的。

在线资源 ⌕

获取更多关于学习不应该碰运气的资源，请访问本书配套网站：resources.corwin.com/howlearningworks。

想一想你课堂上的学习情况，请在下方的空白处写下来。学生学习在哪些方面是碰运气的？在哪些方面是靠设计的？是的，这一步或许很难，可能使我们非常焦虑。你并非必须与同事分享观点，不过请务必好好反思这些问题。反思是本书非常重要的一部分。

哪些学习是碰运气的？	哪些学习是靠设计的？

请在本页做好标记，在后续模块中我们将回顾本页的记录单。

接下来的几个模块中，我们将把碰运气的学习转变为靠设计的学习。转变的第一步是给你课堂上的学习样貌下一个定义，这是设计师绘图或打草稿所必须做的。

学习的定义

如果你采访 100 个人，问他们学习的定义，你很可能得到 100 种不同的答案。这 100 种答案虽涉及多种多样的学习信念，但广义上都可以归结为这几种学习理论：行为主义、认知主义和建构主义（Schunk，2019）。例如，有些人认为，人们是通过"行为矫正"（behavioral modification）来学习的（见表 1.1）。

表 1.1　三种主要学习理论概述

	学习是	学生是
行为主义	通过刺激—反应加强或塑造行为，改变特定行为结果出现的可能性。	被动的。教师是知识的唯一来源。换句话说，学生是等待填满的容器。
认知主义	通过加工、组织和综合学习，将知识存储在学生的认知结构（记忆）中。	在主动地加工、组织和进行综合学习，但学习被视作独立于学生的存在。
建构主义	经验的产物。个人对世界的理解建立在这些经验和互动之上。	积极的参与者。学生通过合作、解决问题和教学支架建构自己的知识网络。

来源：改编自申克（Schunk，2019）。

行为主义认为，学习是将刺激因素与具体反应联系起来，也就是把一类特定的数学问题和解决问题的算法联系起来。与之类似的是，大家都要排队吃午饭，久而久之，排队的行为就得到了强化。

如果从**认知主义**视角来看，你可能会认为学习是解码和储存记忆中的信息。通过解决问题、深度加工、探索发现、整合信息，学生积极地阅读，借助文本特征分析文章含义。

如果你持**建构主义**观点，你可能会说，学习是学生根据自己的体验和与他人的互动，建立起个人对世界的认知。换句话说，学生通过积极体验，逐渐理解几何中的多边形、艺术中的视平线和透视，以及体育中的空间意识。

想一想，你可以用自己的话给学习下一个定义。学习是什么？在下方空白处写下你或同事的想法。

如果你和同事觉得这个任务很难，你们并非个例。你们可能会发现，很难将学习单独框定为行为的、认知的或是建构的。回想我们在学校的日子，我们会发现有许多显而易见的例子可以证明刺激—反应学习是行之有效的；我们也都曾把认知加工过程作为教学中心，学生也成功掌握了知识；我们还能举出那么几次学生得到机会建构自我意义的例子。

教师花费大量时间解读和应用学习理论不仅毫无帮助，而且无法看到课堂学习复杂、多维的本质。学习不是行为的，不是认知的，也不是建构的。学习包含以上三者，甚至更多。让我们回到这本书的前言部分，回顾你根据安德森女士的课堂所列出的清单。学习是高度情境化的，这意味着学习的地点和学习的参与者很重要。普适的学习观无法达到"设计促进高质量学习"的效果。相反，我们应该根据我们自己的课堂为学生定义学习。请使用表1.2，收集学生自己对学习的感受，以及对自己的学生身份的感受。这些信息有助于我们了解学生，把我们给学习下的定义置于实际情境中。你也可以在一学期中进行多次这样的调研，看看学生的想法是否有变化。

在线资源 ⇲

下载学习概念调研表，请访问本书配套网站：resources.corwin.com/howlearningworks。

关于学习概念的调研

填写注意事项：本调研旨在收集你对自己的学习者身份的看法，以及你对学习的看法。表1.2中每句话后有一个标尺，请标记出你认为自己的认同程度。

表1.2 学习概念调研表

1. 学习是他人教给我以前不知道的东西。	非常同意　　同意　　不同意　　非常不同意
2. 学习是尽可能多地了解事实真相。	非常同意　　同意　　不同意　　非常不同意
3. 有人给我一个新信息时，我感觉就在学习。	非常同意　　同意　　不同意　　非常不同意
4. 学习帮助我理解和应用概念。	非常同意　　同意　　不同意　　非常不同意

5. 学习意味着我能用不同的方法谈论一些事情。	非常同意　　同意　　不同意　　非常不同意
6. 如果我的脑中保留了某样东西，我就知道自己学会了。	非常同意　　同意　　不同意　　非常不同意
7. 学习意味着，无论我是否想要或需要，我都可以记住某个信息。	非常同意　　同意　　不同意　　非常不同意
8. 以后我应该能想起现在学的东西。	非常同意　　同意　　不同意　　非常不同意
9. 以后我还能记得学了什么，才算真的学会了。	非常同意　　同意　　不同意　　非常不同意
10. 如果我学会了，我应该知道如何在实际情况下运用。	非常同意　　同意　　不同意　　非常不同意
11. 如果我了解得很透彻，我就可以在需要时加以应用。	非常同意　　同意　　不同意　　非常不同意
12. 学习就是理解新信息和做事的方法。	非常同意　　同意　　不同意　　非常不同意
13. 如果我能对别人解释某个知识点，这说明我已经学会了。	非常同意　　同意　　不同意　　非常不同意
14. 学习是找到事物的真正含义。	非常同意　　同意　　不同意　　非常不同意
15. 学习是困难的，但很重要。	非常同意　　同意　　不同意　　非常不同意
16. 虽然我学的东西很难，但我还是要专注，并不断努力。	非常同意　　同意　　不同意　　非常不同意
17. 不管我喜不喜欢都得学习。	非常同意　　同意　　不同意　　非常不同意
18. 学习拓宽了我的人生视野。	非常同意　　同意　　不同意　　非常不同意

19. 学习改变了我的思维方式。	非常同意　　同意　　不同意　　非常不同意
20. 通过学习,我得以从新的角度看待生活。	非常同意　　同意　　不同意　　非常不同意
21. 学习意味着我已经找到了看待事物的新方式。	非常同意　　同意　　不同意　　非常不同意
22. 知识的积累使我成为更好的人。	非常同意　　同意　　不同意　　非常不同意
23. 我通过学习发展自己的人格。	非常同意　　同意　　不同意　　非常不同意
24. 学习的时候,我认为可以改变自己。	非常同意　　同意　　不同意　　非常不同意
25. 学习是必要的,可以提高我的个人素质。	非常同意　　同意　　不同意　　非常不同意
26. 我认为自己永远不会停止学习。	非常同意　　同意　　不同意　　非常不同意
27. 在与他人的对话中,我学到了很多。	非常同意　　同意　　不同意　　非常不同意
28. 学习是在日常经验中积累知识。	非常同意　　同意　　不同意　　非常不同意
29. 学习是懂得如何与不同的人相处。	非常同意　　同意　　不同意　　非常不同意
30. 学习不仅仅指学科学习,了解如何为他人着想也是学习。	非常同意　　同意　　不同意　　非常不同意
31. 学习是为了成为更好的社会成员而积累常识。	非常同意　　同意　　不同意　　非常不同意
32. 学习是培养良好的关系。	非常同意　　同意　　不同意　　非常不同意

来源: 费希尔等人(Fisher et al. 2019)。

现在，我们再来试一试。与其给出"学习是什么"这个问题的答案，不如更实际地描绘出你课堂上的学习。根据学生学习概念调研的结果，你如何描述自己课堂上的学习？请具体回答。若有必要，你可以选择一个即将教授的单元或主题，以此作为具体情境进行描述。

　　第一模块即将结束，我们在探讨并给课堂学习下定义上花费了许多时间，这有助于我们更好地关注如何为学生争取持久、灵活与实用的学习。学习理论多种多样，但课堂的情境要求我们清晰阐明学习在某个具体的教室、体育馆、实验室或写作中心是什么样的。只有这样，我们才能根据设计"创造、实施"高质量学习。在下一模块，我们将回顾你对"学习是什么"的回答，看看你的回答中包含了哪些类型的学习。

　　最后还有一个要求。请思考你认为教师和学生在学习中分别承担多少责任，据此为下页的空白饼状图涂色。如果条件允许，你可以使用两种不同的颜色。

例如，你认为教师承担 90% 的责任，学生承担 10% 的责任，那么你的饼状图如图 1.1 所示。

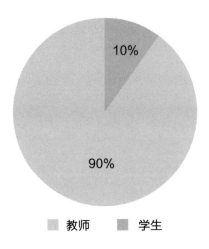

图 1.1　师生承担责任比例图 1

在本书其余模块中，我们会数次回顾图 1.2。现在，你只需涂色来表现你的最初想法。

图 1.2　师生承担责任比例图 2

检查理解与否

在本书的各个模块中，我们计划提供多种机会来示范学习科学的应用策略。其中一种策略是所谓的"我知道—我展示表"（Know-Show Chart）。左栏以问题的形式对本模块开始时给出的达标要求进行了改写。右栏用于你填写对这些问题的回答。回答时，请给出实例，以证明你知道。

我知道	我展示（回答问题，以示证明）
我能描述在我的课堂上，学习有哪些方面吗？	
我能描述在我的课堂上，学习是什么样的吗？	

模块 2

有哪些不同的
思考学习的方式

学习目标

了解学习过程的组成部分。

达标要求

完成本模块的学习后，我能够：

- 在课堂上比较和对比学习的不同知识类型——陈述性知识（declarative knowledge）、程序性知识（procedural knowledge）和条件性知识（conditional knowledge）。
- 在课堂上应用学习的每一种知识类型。

到目前为止，我们已经花了很多时间来揭示课堂上的显性和隐性学习（请翻到前言第 1 页和第 2 页），并阐述了学习在课堂上是什么样的（请翻到本书第 17 页和第 19 页）。在深入研究学生如何学习之前，我们将再用一个模块来解构学习的含义，以便能够更好地设计符合学习规律的学习体验。为了设计学习体验，将学习科学转化为有效学习原理和实践，我们必须根据课堂和学生的实际情况理解学习。回到模块 1"在你的课堂上，学习是什么样的"（见第 17 页和第 19 页），我们需要更仔细地观察可以用哪些不同的方式思考学习。课堂上的学习可以细分为三种不同知识（陈述性知识、程序性知识和条件性知识）

的学习。在深入研究这些细分领域之前，我们先来做一个实验。

你如何回答下列问题？

你会做乘法吗？圈出你的答案。

是   否

你很有可能不假思索地选了是，因为你确实对自己的乘法很自信。
我们再看下一个问题。

为什么你会对自己的乘法很自信？

你的回答大概和我们一样，都与童年时期的数学学习紧密相关。在数学
课上，我们需要反复练习和参加小测试，背诵数字 8 或数字 7 的乘法表。我
们甚至为 2、5、10 编了口诀。现在，尝试回答以下问题：

7×8 是多少？写出你的思考和计算过程。

上述一系列问题揭示了三种不同的知识类型：陈述性知识、程序性知识和条件性知识。在具体计算 7×8 时，许多人可能会停下来，运用一系列的内部策略得出 56 这一答案。56 不是一个立即可以得出的答案，需要一些额外的运算时间。事实上，大部分人在最初被问及"你会做乘法吗"时没有犹豫过。例如，你可能先算 8×5 等于 40，8×2 等于 16。然后，将它们相加等于 56。有些人可能用计数符号来确定最终答案，而另一些人则用叠加法来得出 56。不论是哪种算法，重点在于，虽然 7×8 看起来很简单，但在这一计算过程中涉及了其他方面的知识——"你会做乘法吗"这个简单的问题中隐藏着许多信息。

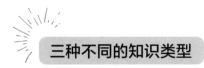

三种不同的知识类型

三种不同的知识类型为陈述性知识、程序性知识和条件性知识。

陈述性知识是与某一学科或内容领域相关的事实、数字和细节。陈述性知识是对术语、要素、理论、模型、结构或原理的获取、巩固和储存。在三年级的社会研究课上学生会学到"政府存在于社区、州和国家层面"这一内容，他们必须知道社区、法律和政府的定义，由此进一步归纳大概念或原理。例如，法律的目的是为了保障人民安全和维持秩序。

> 三种不同的知识类型为陈述性知识、程序性知识和条件性知识。

回到上面那个与乘法和 7×8 有关的例子，想一想：哪些方面是陈述性知识的例子？

程序性知识是知道"如何做"。换句话说，程序性知识是指与某一学科或内容领域相关的技能、过程和算法。程序性知识通常表现为一系列的步骤，要求学生知道何时应用特定的技能、过程和算法。陈述性知识和程序性知识是紧密联系在一起的。例如，在求解方程组的过程中，学生必须先知道什么是"方程组"，它们的"解法"代表什么意思，这些是陈述性知识。然后，他们必须学习求解方程组的不同方法或程序（例如排除法、替换法和画图法）。

回到上面那个与乘法和 7×8 有关的例子，想一想：哪些方面是程序性知识的例子？

条件性知识是指知道为何以及何时使用陈述性知识和程序性知识，何时将陈述性知识和程序性知识带入新的学习中。让我们回到之前定义程序性知识时使用的例子。当获取、巩固和储存有关求解方程组的程序性知识时，学生会把程序性知识与方程组的具体特征（例如，在一个变量前面有一个常量而不是另一个变量，或者两个方程中的相同常量不变）联系起来。这种联系将帮助他们熟练掌握何时使用哪些程序性知识来求解方程组，以及帮他们弄清楚为什么一种方法比另一种方法更有效。

回到上面那个与乘法和 7×8 有关的例子，想一想：哪些方面是条件性知识的例子？

下面的表格给出了几个学习目标的例子。在空白处，你可以填写可能与第一列中学习目标相关的陈述性知识、程序性知识和条件性知识（可参考第一行已填写的例子）。

学习目标	陈述性知识	程序性知识	条件性知识
中学科学：了解原子的特性是基于亚原子粒子的数量和排列。	什么是原子？什么粒子组成了原子？这些粒子在原子中如何排列？亚原子粒子如何相互作用？	如何计算原子中质子和电子的数量？如何计算中子的数量？	价电子之间有什么关系？原子如何参与化学键？亚原子粒子的排列和数量对原子的特性有什么影响？
个人理财：了解市场经济的特点。			
小学语文（阅读）：了解两篇虚构文章之间的异同。			

学习目标	陈述性知识	程序性知识	条件性知识
高中体育：了解如何在终身健身活动中创造运动机会、监督运动过程和维持运动习惯。			
小学视觉艺术：了解文化对艺术的影响。			
小学品德教育：了解如何坚持不懈地实现自己的目标。			
小学语文（写作）：了解记叙文写作。			
高中世界历史：了解波斯发展成为世界上最大帝国的条件。			

　　请回顾一下你在模块 1 中对课堂学习的情景化描述。你可以用不同颜色的钢笔、铅笔或荧光笔来标注你的描述中哪些是陈述性的，哪些是程序性的，哪些是条件性的。另外，现在你可以编辑或修改你的描述。既然你抽出时间来回顾模块 1 的内容，你可能想在原先的描述中补充一些细节。

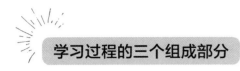

学习过程的三个组成部分

学习陈述性知识、程序性知识和条件性知识并不是通过单一的学习体验或任务就可以实现的。学习是一个过程。人们经常将这一过程比喻为一块空白的石板、画布或电脑，而我们发现在课堂上思考学习过程的最好方法是将这个过程分成三个组成部分（见图 2.1）。

获取知识　　　　　　　巩固知识　　　　　　　储存知识

图 2.1　学习过程的三个组成部分

来源：改编自梅耶（Mayer，2011）。

在下表空白处，对学习过程的每个部分提出你自己的定义和描述。如果可能的话，请提供自己课堂上的具体例子。

	定义或描述	课堂实例
获取知识		
巩固知识		
储存知识		

把本模块最后这项任务放在手边。接下来的几个模块中，我们将多次回顾你的定义和描述，进行编辑和完善。此外，我们将在第三列中增加更多的例子。这个任务将引导我们进入下一个模块。

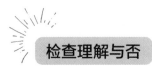

检查理解与否

回到本模块的达标要求。参照你在上一模块中的做法，回答时，请给出实例，以证明你知道。

我知道	我展示（回答问题，以示证明）
我能在课堂上比较和对比学习的不同知识类型（陈述性知识、程序性知识和条件性知识）吗？	
我能在我的课堂上应用学习的每一种知识类型吗？	

我们已经清楚地了解了学习在课堂上是什么样子的——它可以分为不同的类型（即陈述性知识、程序性知识和条件性知识）且是一个过程（即获取知识、巩固知识和储存知识），下面我们将看看在组成学习过程的每个部分中我们会遇到哪些障碍。在模块 3 中，我们将考虑这个问题：是什么阻碍了知识的获取、巩固和储存？

模块 3

学习的障碍有哪些

学习目标

我们将了解在获取知识、巩固知识和储存知识的过程中会遇到哪些挑战。

达标要求

完成本模块的学习后，我能够：

• 描述学习的不同挑战。

• 通过学生数据发现课堂上存在的学习挑战。

• 提出直面课堂学习挑战的方法。

思考学习过程的一种方法是将其分为三个组成部分。图 3.1 中有三个桶。请在桶下面写下各部分的名称。

图 3.1　学习过程的三个组成部分

来源：改编自梅耶（Mayer，2011）。

获取知识

开启一段新的学习之旅，意味着学生将在所有学习领域获取新的内容、技能和理解。在科学领域，学生习得的是学科核心思想、科学和工程实践，以及交叉概念（NGSS Lead States，2013）等。在数学领域，学生习得的是概念、程序以及概念和思维的应用（National Council of Teachers of Mathematics，2014）等。在视觉艺术领域，学生习得的是分析、解释和评价自己作品与他人作品的批判性思维能力（Virginia Department of Education，2020）等。同时，学生还会习得与语言、社会情感和行为相关的内容、技能和理解。例如，学生在了解何谓适当参与"晨会"的同时，还要学会适当的社交方法并与同学建立联系。

我们想强调以下几个有关学习中"获取知识"的关键点：

➜ 获取知识总是在发生，不管是无意识的还是有意识的。请翻到本书第 17 页。碰运气的学习是无意识的获取。

➜ 在课堂上，我们通过设计和实施学习体验和任务，努力实现正式的学习——不是碰运气，而是靠设计。你可以再次回顾本书第 17 页。靠设计的学习是有意识的获取。

➜ 有很多因素会影响获取知识，有些是内部因素，有些是外部因素。我们将在本模块中讨论内部因素，在随后的模块中讨论外部因素。

➜ 获取知识需要有效的反馈。学生必须有机会进行试错，以获取内容、技能和理解。

请制作一份清单，列出影响获取知识的内部因素。这些因素与学生的内在优点或缺点有关。再制作一份外部因素的清单。这些是学习环境中的因素，而不是学生的内在优点或缺点。

内部因素	外部因素

回到上一模块最后一项任务。编辑并修改你有关获取知识的定义、描述以及课堂实例。

巩固知识

学习需要时间。在初步获取内容、技能和理解后，学生需要时间来积极加工这些新信息，使学习有意义。在课堂上，我们需要提供学习体验或任务作为教学支架。这些教学支架应该与影响最初获取知识的内部因素和外部因素保持一致。

例如，如果学习动机是你在上一页列出的内部因素之一，那么在巩固知识时你应该继续提供支架或方法来让学生持续有动机。我们如何激励学生学习科学知识，应用数学计算过程，并在分析艺术作品时运用批判思维？

随着时间的推移，教学支架若被撤去以促进自我调节的学习，如果那样支架就仅仅只是支架，不能进一步被学生内化。但若在巩固知识阶段继续提供支架，那么在支架最终被撤走时，学生会将内容、技能和理解内化，并能够进行拓展、应用和迁移学习。

回到上页影响获取的内部因素和外部因素清单，你觉得这些因素在巩固所学方面可以起到什么作用？

请回顾第 31 页最后一项任务，编辑并修改你有关巩固知识的定义、描述以及课堂实例。

储存知识

　　学生有效地获取知识和巩固知识之后，将进行储存知识。"长期储存"通常是指，这些内容、技能和理解被学习者内化并可提取，进而扩展、应用和迁移到其他环境。虽然获取知识和巩固知识很重要，但将这些知识转化为长期储存的知识，对扩展、应用和迁移更为重要。

　　现在，要明确的是，这并不意味着一旦储存了这些内容、技能和理解，就可以不断提取，我们必须通过不断维护来支持知识的长期储存。回想一下你获取、巩固和储存的某个知识，如果你上一次从长期储存中提取它的时间距今过长，那么你可能会逐渐将它遗忘。

　　例如，一个学生学习了人类对生态系统的影响，并不意味着他真的掌握了，除非他不断地回顾和应用这一知识。在数学领域，虽然求解线性不等式组的方法一度存在于学生的脑海中，并可应用于解题，但这种存在是不持久的。如果学生许久不使用批判性思维技能去分析、解释和评价自己的作品和他人的作品，就得重新学习这些技能。最后，因为学生在学校学习和生活时会经常进行人际交往，所以"适当参与社会互动"这个知识点很可能会被较好保存。

　　回顾第 35 页影响获取的内部因素和外部因素清单，你觉得这些因素在储存知识中起什么作用？

请你回到第 31 页最后一项任务，编辑并修改你有关储存知识的定义、描述以及课堂实例。现在，我们来看一下影响学习过程中每一部分的因素，尤其是成功获取、巩固和储存知识等方面的障碍。

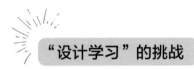

"设计学习"的挑战

2020 年 11 月，史蒂芬·祖鲁（Stephen Chew）和他的同事威廉·科斌（William Cerbin）汇编了 20 年来与"靠设计而非碰运气"的教与学相关的研究。虽然他们没有使用"设计"和"运气"这样的字眼儿，但他们断言，教育学研究的目标是通过有效的教学强化学生的学习。然而，正如我们在本书前言中指出的，学习是复杂的、多维的，需要精心设计学习体验，才能使学生既学到知识，又能将这些知识应用到新的情境中。为了成功地设计这些学习体验，我们必须知道学生是谁，这样才能根据课堂的实际环境做出必要的调整。这意味着我们必须清楚设计学习会面临哪些具体挑战。祖鲁和科斌的研究汇编显示，设计学习有九个具体的挑战（见表 3.1）

在线资源 ↘

获取更多关于认知挑战的资料，请访问本书配套网站：resources.corwin.com/howlearningworks。

表 3.1　设计学习的九个挑战一览表

挑战	描述
学生的思维定式	指学生对话题、内容或主题的想法、态度倾向。
缺乏元认知技能和自我调节能力	指学生缺乏自我监督、自我反思和自我评价知识、技能和理解的能力。
恐惧	学生对课堂和学习内容的感受在很大程度上影响了他们对学习体验和任务的看法。

挑战	描述
已有知识储备不足	如果学生的背景知识、已有知识和往日经验有限，那么他们来到课堂后就可能在学习过程中觉得有困难。
误解	这种挑战来自学生对特定话题、内容或主题的看法不准确、不完整。
无效的学习策略	学习的挑战可能来自学生依赖一些策略，而这些策略根本不支持知识的获取、巩固和储存。无效的学习策略造成了一种学习假象。
迁移知识能力较弱	学生可能还不具备迁移内容、技能和理解的能力。
选择性注意力限制	挑战可能来自学生同时处理多个任务，不专注于相关信息，或只专注于部分相关信息。
工作记忆能力	指学生的脑力劳动和工作记忆容量有限。太多或太复杂的信息会使学生不知所措。

来源：改编自祖鲁和科斌（Chew and Cerbin，2020）。

在本书的学习中，以下三点值得注意：

1. 表 3.1 中列出的九个挑战，不分先后顺序，它们都会破坏对知识的获取、巩固和储存。

2. "学习靠设计"（而不是"学习碰运气"）要求我们收集有关学生在这九个挑战方面的证据。然后，我们必须利用这些证据，来创造、进行并实施"设计促进高质量学习"。

3. 学生的学习并不完全是教师的责任，这些挑战也不是大到无法进行教学。学生的目标应该是找到向教师学习的最好方式。

给下一页的空白饼状图涂色，标出你认为教师和学生在学习中分别承担多少责任。例如，你可能认为教师承担 90% 的责任，学生承担 10% 的责任。请尽量使用两种不同的颜色进行涂色。

让我们重温本书第 24 页的饼状图。在模块 1 中，我们要求你在饼状图中涂色（见图 1.2），标出你认为教师和学生在学习中分别承担多少责任。通过本书这几个模块的学习，你的想法是否有变化？如果是，请再次涂色反映你目前的想法。如果没有，只需重复你在模块 1 中的回答。

图 3.2　师生承担责任比例图 3

本模块即将结束，让我们回顾一下我们在设计学习方面所处的阶段。设计学习要求我们必须对学习科学的原理和实践进行调整，以反映课堂的实际情境，然后得到证据，使教师和学生都能确定学习是否已经发生。这些调整必须反映出学习面临的挑战，即祖鲁和科斌（Chew & Cerbin，2020）提出的九个挑战。本模块的最后一项任务是思考和计划如何从学生那里收集有关这些挑战的证据。当你努力在课堂上促进学生学习时，你如何知道你和学生必须应对哪些挑战？

请在第 41 页表格的空白处做计划，描述你将如何生成和收集每个挑战的证据。我们提供了一些例子帮助你理清思路。

挑战	描述
学生的思维定式	开展兴趣调查，与学生一对一谈话，并讨论其答案。
缺乏元认知技能和自我调节能力	
恐惧	
已有知识储备不足	
误解	
无效的学习策略	调查学生最喜欢的学习策略。
知识迁移能力较弱	
选择性注意力限制	
工作记忆能力	学生对各层级问题或任务的观察。

回到本模块的达标要求。参照你在前两个模块中的做法，回答时，请给出实例，以证明你知道。

我知道	我展示（回答问题，以示证明）
我能描述学习的不同挑战吗？	
我能通过学生数据发现课堂上存在的学习挑战吗？	
我能提出克服困难的方法吗？	

现在，让我们利用关于学习的知识来促进学生的学习。

模块 4

学生如何学习

学习目标	达标要求
了解有效学习原理和实践。	完成本模块的学习后，我能够： • 评估自己对学生如何学习的看法。 • 解释学生如何学习的有效学习原理和实践。 • 提出直面课堂学习挑战的方法。

　　对于我们如何学习以及学生如何学习，每个人都有自己的信念。这些信念来源于我们对自己过往学习经验的感知、阐释和理解。此外，我们还受到流行文化中与学习相关的图片和文字的冲击。在很多情况下，这些图片和文字总是试图说服我们下载应用程序，增订辅助材料，或购买"立竿见影"的产品，以帮助孩子阅读或做数学题。对于学生如何学习这一问题，你是怎么看的？

在本书的前几个模块中，我们描述了学习在课堂上是什么样的。现在，请在下方空白处，与学生一起描述他们在你的课堂上是如何学习的。从这里开始，我们将从"是什么"过渡到"如何做"。

2008 年，大卫·麦凯布（David McCabe）和同事艾伦·卡斯特尔（Alan Castel）发现了我们对自身学习信念的坚持程度以及我们的感知和解释对塑造这些信念的影响。毋庸置疑，我们可以肯定地说，大脑处于学习过程的中心。无论你倾向于哪种学习理论（见本书第 18 页），在谈论学习时都会提到大脑。大脑是高度参与学习过程的。然而，这种对大脑的过度关注可能会导致我们相信一些实际上并不准确的学习理论。以下是麦凯布和卡斯特尔（2008）的发现。

在总结认知神经科学研究的文章中，与附有条形图、分布图或没有图像的文章相比，展示大脑活动图像的文章中的论点将获得更高的科学推理评分。这些数据支持了这样一个观点：大脑成像研究的魅力和可信度，一部分源于实际的大脑图像本身的说服力（p.343）。

在线资源 ꙷ

获取更多有关大脑活动图像的资料，请访问配套网站：resources.corwin.com/howlearningworks。

这还不是研究最出彩的部分。最令人震惊的发现是，这种现象，即对大脑的过度关注，助长了虚构神经科学文章的风气。这些文章的研究方法、分析和结论都充满了错误。没错，但从评分来看，人们认为有大脑活动图像的垃圾文章比没有大脑活动图像而有条形图或分布图的文章更可信。因此，我们在这本书中加入了大脑活动图像，这样你会觉得我们的内容更可信。以上只是开个玩笑。

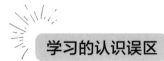

学习的认识误区

学生对学习的误解会阻碍学习的进展。同样，我们对学生学习方式所持的信念和误解，也会给自己创造、进行和实施"设计促进高质量学习"带来挑战。

研究人员制作了一份清单（见表4.1），列出了若干有关学习的理念和误解。这些理念和误解没有得到研究支持，实际上可能会干扰我们获取、巩固和长期储存知识。请看下面清单中的各项陈述，然后标出你认为该陈述是否正确。

表4.1　学习的理念和误解清单

陈述	是	否
1. 我们一天24小时都在使用大脑。	是	否
2. 儿童最好先学会母语再学习第二语言。	是	否
3. 平均来看，男孩的大脑比女孩的大。	是	否
4. 如果学生不饮用足量的水，大脑会萎缩。	是	否
5. 如果大脑的某个区域受损，其他区域可代替该区域的功能。	是	否
6. 我们只用到10%的大脑。	是	否
7. 大脑的左、右脑协同工作。	是	否
8. 有些人惯用左脑，有些人惯用右脑，这有助于解释我们学习方式的差异。	是	否
9. 男孩的大脑和女孩的发育速度不同。	是	否
10. 在儿童进入青春期时，大脑发育已经完成。	是	否

11. 某些东西需要在童年的某些特定时期学习，过了这些时期就无法再学了。	是	否
12. 信息储存在大脑中，分布在整个大脑的细胞网络中。	是	否
13. 学习是由于大脑中增加了新细胞。	是	否
14. 如果一个人以其喜欢的方式（例如，听觉、视觉、动觉）学习，就能学得更快。	是	否
15. 学习是通过改变脑细胞之间的连接发生的。	是	否
16. 不吃早餐会对学习成绩造成负面影响。	是	否
17. 阅读障碍的一个常见症状是反着阅读字母。	是	否
18. 脑细胞的新生与死亡属于人类大脑的正常发育过程。	是	否
19. 心智能力是遗传的，难以被环境或经验改变。	是	否
20. 剧烈运动可以改善心智能力。	是	否
21. 儿童从出生到三岁必须接触丰富的环境，否则将永久失去学习能力。	是	否
22. 儿童在饮用含糖饮料或吃甜食后会注意力不集中。	是	否
23. 昼夜节律（"生物钟"）在青春期会发生变化，导致学生在第一节课上感到疲惫。	是	否
24. 锻炼能协调运动感知技能，从而提高读写能力。	是	否
25. 对一些心理过程进行长时间练习可以改变大脑某些部分的结构和功能。	是	否
26. 儿童的学习方式（例如，视觉、听觉、触觉）以特定的感官为主。	是	否
27. 与大脑功能发育差异有关的学习问题无法通过教育来改善。	是	否
28. 大脑可以不断产生新的连接，直到老年。	是	否
29. 短暂的运动协调练习可以促进左、右脑的功能整合。	是	否
30. 在童年某些特定的时期，学习某些东西会比较容易。	是	否
31. 在睡觉时，我们的大脑停止运转。	是	否
32. 聆听古典音乐能提高儿童的推理能力。	是	否

来源：德克尔等（Dekker et al., 2012）。

请访问本书配套网站，查阅描述神经迷思（neuromyths）的文章，并检查你的答案，看上述每项陈述是否正确。

学习科学

我们在检视自己的学习信念时，如何摆脱大脑活动图像的诱惑，走出自己对学习的认识误区？如果我们要通过设计来提高学习效果，而不是随便碰碰运气，那么一定要对学生的学习方式有清晰的认识。另外，除非你的教室后面有一台 CT 扫描仪或功能磁共振成像仪，否则神经科学研究对设计学习没有什么帮助。

在过去的 100 年里，认知科学家对我们如何学习，包括学生如何学习，积累了丰富的认识。学习科学总结了诸多有效学习原理和实践，教师可以将其运用于自己的课堂。

在线资源 ⌕

获取更多关于学习认识误区的资料，请访问配套网站：resources.corwin.com/howlearningworks。

> 上网查找"学习科学"。在下方空白处归纳其定义。

正如我们在本书前言中所说的，我们必须对这些原理和实践进行_____，以反映课堂的_____，然后得到_____，使我们和学生都能确定学习是否已经发生。这些原理和实践与学习科学的以下七个重要领域有关。

1. 激发动机
2. 集中注意
3. 精细编码
4. 提取和练习
5. 认知负荷
6. 积极困境
7. 及时反馈

检查理解与否

回到本模块的达标要求。参照你在前几个模块中的做法，回答时，请给出实例，以证明你知道。

我知道	我展示（回答问题，以示证明）
我能评估自己对学生如何学习的看法吗？	
我能解释学生如何学习的有效学习原理和实践吗？	
我能提出直面课堂学习挑战的方法吗？	

现在，让我们利用学到的内容来促进学生的学习吧。

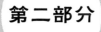

第二部分

本部分内容包括：

模块 5

有效学习原理 1：
激发动机

学习目标

了解动机对学生投入学习的作用。

达标要求

完成本模块的学习后，我能够：

• 描述什么是动机。

• 解释思考课堂动机的不同方式。

• 设计具体的方法，将关于动机的研究应用到课堂上，并评估这种应用的影响。

我们将开始讨论源自学习科学的有效学习原理和实践。在此之前，先回顾一下我们计划如何弄懂这些理念，并将其转化为课堂实践（见图5.1）。

原理或实践：激发动机	课堂上	应用于课堂
动机是什么？学习理论中，关于动机的研究结果有哪些？	激发动机在从幼儿园到高中的课堂上是什么样的？	我如何将关于激发动机的研究转化为自己课堂上的实践？我如何知道该有效学习原理或实践对学生产生了影响？

图 5.1　将有关学习和动机的科学转化为有效学习原理和实践的框架

在本模块以及模块 6 到模块 11 中，我们将概述关于动机和学习科学的研究。在此基础上，我们将通过一些具体案例，看看在课堂上，这些研究如何转化为有效学习原理和实践，并仔细观察在课堂上如何监测这些原理和实践对学生学习的影响。然后，我们将研发一些方法，把关于动机的研究应用到我们自己的、具体的课堂环境中。

什么是动机

动机是一个非常重要的术语，指与特定动作相关的一个或多个原因或理由。在课堂上，动机指的是学生参与学习体验或任务的普遍愿望。它也可以反映出学生维护他们课堂学习团体成员身份的意愿（例如，从教室或教学楼的一个区域走到另一个区域的社交互动规范和流程）。动机是学习科学的重要组成部分，因为只有当学生愿意付出必要的努力来获取、巩固和储存陈述性知识、程序性知识和条件性知识时，我们才能将预期的课堂学习向前推进。

是什么激励了学生？请在下方空白处列出能在课堂上激励学生的因素。

因此，当提到激励学生去学习"等价物""上手投球""比喻修辞""直角三角函数"或"土壤化学"时，动机，即为学习付出必要努力的原因、愿望和意愿，往往可以表现为四个组成部分。这四个组成部分分别是个人的、激活的、有活力的和目标导向的（见图 5.2）。

图 5.2 动机的四个组成部分

来源：改编自梅耶（Mayer，2011）。

动机的研究有以下几个结论。这些结论将有助于我们把学习科学的研究转化为有效学习原理和实践。

1. 兴趣或态度（效应量 =0.46）。当学生对学习感兴趣，并且保有积极的态度时，他们在获取知识、巩固知识和储存知识方面会表现出更大的动力（Visible Learning Meta[X]，2021）。

2. 自我效能感（效应量 =0.66）。学生相信自己的努力会得到回报，或为他们带来一些直接或长远的好处，这样的信念可以激励学生学习（Visible Learning Meta[X]，2021）。

3. 努力归因或学生期望（效应量 =0.77）。如果学生能够将努力与具体结果（包括积极结果和消极结果）联系起来，那么他们就更有可能去努力学习（Visible Learning Meta[X]，2021）。

4. 深层动机（效应量 =0.57）。当我们的学生想要发展能力、掌握知识、深入理解，以更全面地领悟整体内容、技能和见解时，就拥有了深层动机（Visible Learning Meta[X]，2021）。

5. 合作学习（效应量 =0.46）。这是由两个或两个以上的学生合作来实现一个共同目标的教学策略。通常情况下，合作学习项目寻求通过面对面互动、让各个小组成员对集体项目负责、培养学生的社交能力等方式，促进学生之间积极的相互依存关系（Visible Learning Meta^X，2021）。

6. 先前的成就或成功（效应量 =0.59）。因为学生有丰富的经验或在某一特定领域体验过成功，所以他们就会更有动力进一步参与未来的学习和坚持完成任务。先前的成就或成功有助于提升学生的自我效能感，提升他们的期望值，并改善他们对学习的整体态度，增强他们的学习意愿（Visible Learning Meta^X，2021）。

在线资源 ⌕

获取更多关于动机的资料，请访问本书配套网站：resources.corwin.com/howlearningworks。

　　回顾你在本书第 52 页列出的激励因素清单，根据上面的研究结论来整理这份清单，判断激励因素属于兴趣或态度、自我效能感、努力归因或学生期望、深层动机、合作学习、先前的成就或成功中的哪一类。请在下方空白处写出你的想法。

激发动机原理和实践在课堂上是什么样的

在深入讨论具体的例子之前，我们想花点时间谈谈从学习科学中提取有效学习原理和实践的动机。人们之所以对有效学习原理和实践孜孜以求，往往是因为人们认识到了实践中的问题。以下是我们在与教师定期交流中发现他们经常提到的问题。

> 人们之所以对有效学习原理和实践孜孜以求，往往是因为人们认识到了实践中的问题。

→ "我的学生永远记不住计算不规则多边形面积和周长的基本公式。"

→ "我的学生在回答基于文本的问题时总是忘记引用原文。"

→ "当学生开展体育运动时，我总得提醒他们注意安全空间。"

→ "他们从不学习。我甚至没法让他们在考试前提出问题。"

→ "我的学生似乎不太愿意说话。我要求他们开展小组思考和分享，他们常常沉默寡言，磨洋工。"

→ "我的高中学生不愿意阅读。我要求他们读一本小说，但他们会想尽一切办法来敷衍了事。"

→ "我的学生认为自己'没有艺术细胞'。这种思维方式使他们不愿意在艺术方面投入时间和精力。他们匆匆忙忙地完成任务，并把糟糕的表现归因于自己'没有艺术细胞'。"

上述每个例子都是课堂上的具体挑战或问题，需要你我积极寻求解决办法。因此，我们将深入研究学习科学，寻求能够转化为实践并能改善学习成果的研究结果。

我们回到上述例子。请把你认为与动机有关的实践问题圈出来。难点是，其中许多问题可能既与动机有关，也与其他挑战（如恐惧、误解、已有知识储备不足、选择性注意力限制或工作记忆能力）有关。这就是本书的作用所在：

除了解读有效学习原理和实践之外，我们还将运用方法评估我们的影响。换句话说，实践中的挑战或问题是真的和动机有关，还是与其他因素有关？如果与其他因素有关，我们将不得不进一步挖掘并尝试其他有效学习实践。现在，让我们看一些例子，看看如何从动机和学习科学的研究中提取有效学习原理和实践，并将其应用于上述实践问题（见表5.1）。

表 5.1　从动机研究中提取有效学习原理和实践，并将其应用于课堂

实践问题	可使用的有效学习原理和实践	评估影响的方法	与学习科学研究的联系
"我的学生永远记不住计算不规则多边形面积和周长的基本公式。"	比起纯粹的记忆，教师应该教学生如何推导公式，这样他们不仅会对公式的内容有深刻的理解，而且知道其原理。	对比干预前后学生的表现样本；学生能否提供关于学习的更多细节和解释？	深层动机
"我的学生在回答基于文本的问题时总是忘记引用原文。"	为了激励学生在这个特定方面投入更多的精力，教师开展了"校对伙伴"活动，让他们针对基于文本阅读的问题做出的回答提供相互反馈。	课堂任务和出门条（exit tickets）；学生在与"校对伙伴"合作后，在自主完成任务时是否能更频繁地引用原文？	与同学合作学习
"当学生开展体育运动时，我总得提醒他们注意安全空间。"	教师为自己和学生准备了呼啦圈，在教学过程中站在里面。教师和学生一起努力，培养空间安全感。	课堂观察和体育课期间贴出提醒便条的次数；学生是否更注意自我监控安全空间？	与教师合作学习
"他们从不学习。我甚至没法让他们在考试前提出问题。"	教师展示学生以前的录像，描述他们的学习习惯，以及这些习惯如何帮助他们在学习中取得成功。然后，教师明确将这些策略传授给学生。	开展学生调查，询问他们在干预前后的学习习惯，以及观察学生在评估中的表现；学生是否培养了更有效的学习习惯？他们在评估中的表现是否与这些学习习惯相关？	努力归因或学生期望

实践问题	可使用的有效学习原理和实践	评估影响的方法	与学习科学研究的联系
"我的学生似乎不太愿意说话。我要求他们开展小组思考和分享，他们常常沉默寡言，磨洋工。"	班主任开发了一系列挖掘学生兴趣的活动，以此激励学生参与课堂讨论。	课堂观察；使用检查表检查学生是否使用学术词汇进行更多的课堂交流。	兴趣或态度
"我的高中学生不愿意阅读。我要求他们读一本小说，但他们会想尽一切办法来敷衍了事。"	英语系的办法是设定阅读目标和写读书笔记，鼓励学生将他们的阅读任务分成更小、更容易完成的部分。	监测读书笔记的进展；用于阅读的时间是否有变化？课堂上关于阅读的讨论氛围是否有变化？	自我效能感
"我的学生认为自己'没有艺术细胞'。这种思维方式使他们不愿意在艺术方面投入时间和精力。他们匆匆忙忙地完成任务，并把糟糕的表现归因于自己'没有艺术细胞'。"	班主任决定明确教授艺术的具体技能和元素，提供发展这些技能的机会。这也有助于学生体验成功的感受，认识到自己是可以取得成功的。	对比学生在明确指导技能之前和之后的作品；要求学生描述他们的创作过程，以及这个过程如何产出具体的作品。学生是否开始把完成自己的艺术作品当作一个过程，而不是简单地当作一项待完成的任务？他们用什么语言来谈论自己的艺术作品和自己作为艺术创作者的身份？	先前的成就或成功

请看表 5.1 第一列的例子，正如我们前面所指出的，有这样一种可能性，即挑战与动机无关，而是与获取、巩固和储存知识的其他方面有关。你怎么知道与动机有关的原理和实践是否有效？

正如你在第三列中看到的，我们必须设计评估方法并收集证据，以回答这个问题。这就是所谓的评估思维，它是成功实施有效学习方法的关键组成部分。

学习的评估思维

1. 学生准备学习什么，有什么证据支持这一点？

2. 学习科学能提供哪些可能的干预措施？

3. 预期的影响是什么，如何衡量？

4. 如何在课堂上与学生一起实施源于学习科学的干预措施？（即根据实际情况进行调整）

5. 干预措施是否产生了影响？

6. 我如何与同事合作来解释用以证明影响的证据？

来源：里卡兹等（Rickards et al.，2021）。

下面我们将换一种说法来重新表述评估思维的问题 2 到问题 5，你可以参考这些问题制作模板，并在自己的课堂上使用，或者与你的同事和学生一起使用。为什么要改变问题？因为我们想为你和你的责任伙伴、指导教师或 PLC+ 提供一些指导性问题。这些问题使我们集中注意力，有意图、有目的地应用有效学习原理——通过实践中的挑战或困难促进学生学习。让我们试一试吧。

如何在课堂上运用激发动机原理和进行实践

在接下来的几页中，你可以列出自己在实践中会面对的问题或挑战。你可以返回第 56 和 57 页表 5.1 第 4 列，参考你可能想关注的课堂学习某个方面的例子。

实践中的挑战或问题。

你有什么证据能证明这是学生在实践中遇到的问题或挑战［如观察、谈话、进门条（entrance tickets）、出门条、出勤数据、作业提交情况］？

描述你想使用的有效学习原理和实践。

将有效学习原理和实践与有关动机的学习科学研究联系起来。如有必要，请参考本模块前面的信息。

请尽可能详细地描述你将如何实施这项有效学习原理和实践。同样，可参考表 5.1 中的例子。

你将如何与责任伙伴、指导教师或 PLC+ 团队合作，以确定自己实施的有效学习原理和实践是否有效？有什么证据能让你和同事确信该原理和实践无效？

激发动机是学习的一个方面，需要不断监控和调整。周一效果很好的动机，到了周三可能就不那么管用了。促使学生在早上投入学习的因素，晚些时候可能就没有同等效果了。如果我们要通过设计促进高质量学习，那么我们就需要把反思过程变为学习的常规部分。

检查理解与否

回到本模块的达标要求。参照你在前几个模块中的做法，回答时，请给出实例，以证明你知道。

我知道	我展示（回答问题，以示证明）
我能描述什么是动机吗？	
我能解释思考课堂动机的不同方式吗？	
我能设计具体的方法，将关于动机的研究应用到课堂上，并评估这种应用的影响吗？	

然而，我们不能简单地止步于激发动机。一旦我们让学生产生了参与学习体验或任务的普遍愿望，我们就必须把注意力转移到他们在体验或完成任务时关注的东西上，这也就是下一个模块的主题。

模块 6

有效学习原理 2：
集中注意

学习目标

了解集中注意对于学生学习的作用。

达标要求

完成本模块的学习后，我能够：

• 描述什么是集中注意。

• 解释课堂上影响学生注意力的因素。

• 设计具体的方法，将关于集中注意的研究应用于课堂，并评估这种应用的影响。

　　学生可能有动力为获取、巩固和储存陈述性知识、程序性知识和条件性知识而付出努力，但如果他们没有把注意力放在合适的学习任务或学习体验上，就很可能达不到学习预期（见图 6.1）。

原理或实践：集中注意

什么是集中注意？学习理论中，针对集中注意的研究结果有哪些？

课堂上

集中注意在从幼儿园到高中的课堂上是什么样的？

应用于课堂

我如何将关于集中注意的研究转化为自己课堂上的实践？我如何知道该有效学习原理或实践对学生产生了影响？

图 6.1　将集中注意这一学习理论转化为有效学习原理和实践的框架

什么是集中注意

为了在课堂上获取、巩固和储存内容、技能和理解，学生必须集中注意关注特定领域的学习。让我们看一个具体的例子：北卡罗来纳州一堂七年级社会研究课明确提出的学习目标和达标要求。

学习目标	达标要求
内容目标：了解定居地的资源稀缺性。 **语言目标**：了解历史叙事在交流活动和经验交流方面的作用。 **社会目标**：了解多样化观点在历史交流活动和经验交流方面的价值。	完成学习后，我能够： • 找出影响定居地的某一具体地理位置的物理特征。 • 用证据说明这些特征如何影响定居地。 • 从历史叙事中找出证据来佐证我们的推论。

以上是课堂上预期的陈述性、程序性和条件性知识。如果这是预期的学习结果，那么教师就必须设计学习体验和任务，将学生的注意力引导到最相关的内容、技能和理解上。此外，这些体验和任务还必须帮助学生辨别哪些内容与本课的学习目标和达标要求无关。

集中注意是我们识别、选择和集中认知资源，并将其作用于特定刺激的能力。如果我们能够利用这一能力，我们就能分辨出什么是相关内容，什么是无关内容，然后保持注意力，直到完成一个特定的目标或结果。在课堂上，这一目标或结果就是成功地获取、巩固和储存知识。选择性注意，或者说把我们的注意力引向相关的刺激，能非常有效地确保学生在正

> 集中注意是我们识别、选择和集中认知资源，并将其作用于特定刺激的能力。

确的时间里专注于正确的内容、技能和理解，减少设计高质量学习所需的时间。

下面我们可以花点时间来看一个简短的实验。你可以访问本书配套网站：resources.corwin.com/howlearningworks，查看集中注意和学习科学中最著名的选择性注意实验的简短视频和说明。

实验进行得怎么样？根据西蒙斯和查布里斯（Simons & Chabris，1999）的研究，如果实验被试从未听说过"看不见的大猩猩"，那么大约 50% 的人不会注意到大猩猩在视频中出现和离开。

但如果你在阅读本书之前就听说过"看不见的大猩猩"，这是否会影响你的选择性注意？西蒙斯和查布里斯考虑到了这一点，并设计了一个后续实验，来观察那些对"看不见的大猩猩"已经有相应知识储备的被试，看看他们的注意力是否会受到影响。想了解关于第二个实验的信息，请访问本书配套网站。

尽管这个实验和对话很有趣，但让我们将注意力集中在源于学习科学和课堂教学的这一特定研究发现的重要性。你可以使用图 6.2 维恩图，将"看不见的大猩猩"实验与你的课堂进行具体的比较。请不要遗漏西蒙斯和查布里斯实验的细节，以真正理解当前讨论的价值。

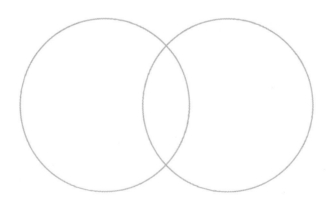

图 6.2　维恩图 1

在前面提到的七年级社会研究课上，教师给学生设定了学习目标和达标要求。同样，西蒙斯和查布里斯（1999）在视频中也给出了一个目标。社会研究课上的后续任务必须与这些学习目标和达标要求保持一致，就像实验中的人传球一样。但是，计算传球次数是否真的是我们要寻找的目标或结果呢？我们必须考虑哪些因素？

在线资源 ↖

获取西蒙斯和查布里斯实验的相关资料，请访问本书配套网站：resources.corwin.com/howlearningworks。

这些课堂上的因素已为我们所熟知。请花些时间在下方空白处列出你认为能够对学生的注意力产生影响的具体因素。

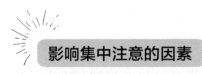

影响集中注意的因素

有几个因素影响着我们和学生的注意力。每个因素的效应量都来自 Visible Learning Meta^X（2021）数据库。

1. 已有的知识和学习（效应量＝0.93）。学生已知道、已理解和已会做的事情将影响集中注意。如果不是有目的、有意识地将注意力引向其他地方，那么学生就只会关注他们熟悉的学习体验或任务，或者已知道、已理解和已会做的事情。

   回到七年级社会研究课的学习目标和达标要求。如何用已有知识和学习来帮助学生将注意力集中到与学习相关的方面？请展开头脑风暴，并在下方空白处写下来。

在线资源 ☇

获取关于集中注意的视频，请访问本书配套网站：resources.corwin.com/howlearningworks。

2. 深层动机（效应量＝0.57）。模块 5 的有效学习原理和实践与本模块的原理和实践有关。简单地说，当学生有动机时，他们更有可能聚精会神。然而，这并不意味着他们会将注意力集中到与学习体验或任务最相关的方面。这就是"设计促进高质量学习"真正发挥作用的地方。我们必须设计学习，以确保动机被引向最相关的方面，但同时也要为学生培养自我调节注意力这一能力提供教学支架。这是本书后半部分的重点。

在下方空白处描述激发动机和集中注意之间的关系。如果你需要快速复习，请重温模块 5。

3. 意识、注意力或参与（效应量 = 0.54）。科学实验的气味、第二次世界大战中的战斗画面、短篇小说中的悬念，或者玩游戏的期待，都会进入我们身体的情感系统。反过来，这些情感刺激也会将我们的注意力转移到引发刺激的事情本身。

展开头脑风暴，思考如何"吸引"学生的注意力。请把它们与具体的学习目标或学习成果一起列在下面的空白处。

集中注意原理和实践在课堂上是什么样的

教师必须在每天的工作中不断监控和调整，以捕捉并保持学生对学习体验或任务的注意力。此外，学生在发展自己的能力时需要支架和支持，来辨别哪些方面与学习有关，哪些方面与学习无关。我们可以从设定明确的学习目标和达标要求开始，还可以在课堂上提取和实施一些其他有效学习原理和实践。正如我们在模块 5 中所指出的，对于每个有效学习原理和实践究竟会对学习产生什么影响，我们需要做出评估，以此指导我们实施。让我们来看一些例子，看看如何从集中注意和学习科学的研究中提取有效学习原理和实践，并将其应用于这些特定情况（见表 6.1）。

> 学生在发展自己的能力时需要支架和支持，来辨别哪些方面与学习有关，哪些方面与学习无关。

在线资源

获取更多关于集中注意的资料，请访问本书配套网站：resources.corwin.com/howlearningworks。

表 6.1　从集中注意研究中提取有效学习原理和实践，并将其应用于课堂

实践中的挑战或问题	可使用的有效学习原理和实践	评估影响的方法	与学习科学研究的联系
"我很难让自己的学生关注《哈姆雷特》的语言，并留意戏剧文本中的重要细节。他们只是习惯看剧情。"	一位高中英语教师在教授《哈姆雷特》时，并不只是简单地把它当作一出莎士比亚戏剧来介绍，而是用现代语言描述了《哈姆雷特》的情节（例如，你从大学回家，发现母亲嫁给了叔叔；哦，他还被他父亲的鬼魂缠住了）。	要求学生找出五个场景，并解释该场景在戏剧发展和冲突解决中起的关键作用；学生把注意力集中在具体的元素和语言上，而忽略那些与结局无关的方面。	情感提示

实践中的挑战或问题	可使用的有效学习原理和实践	评估影响的方法	与学习科学研究的联系
"学生看不到研究古代文明的价值。他们认为这就是在研究死去的人，不想去做。"	教师在开始课程或单元的第一课时，没有用传统的学习目的和达标要求，而是提供了具体的例子——源自古代文明的"今时之事"（例如，罗马的渡槽和管道系统的异同、古希腊—古罗马的公民权和公民集会与美国宪法的联系）。	通过独立完成任务，学生是否发现了额外的联系，并提供了与课程主题明确相关的内容？他们没有因为古代文明的其他方面而分心。	提供意义和相关性
"当学生到达体育馆时，那里一片混乱。他们不关注当天的课程说明。体育馆里的设施分散了大家的注意力，所以当我解释当天的安排时，他们并不理会我。"	教师决定把进入体育馆的过程分解成具体的步骤，逐一向学生说明。此外，教师还借助计时器来引导学生，为学生限定完成某一步骤的具体时长。	教师监测了课堂开始时用于规范学生行为和课堂管理的时长；学生做好学习准备的效率和效果；他们对课堂学习预期的了解和认识（即他们是否能识别课程介绍中最为相关的内容？）	避免多任务
"我发现学生很难熬过这堂课。我才勉强举了两个例子，他们就开小差了。"	教师认识到学生不可能整堂数学课都保持聚精会神，便将课堂分成几个七到十分钟的环节，让学生有机会在这些环节的间隙重新关注其他任务（例如，思考—组队—分享、转身交谈或完全休息）。	在七至十分钟的时间里，学生是否频繁提问和回答？学生在思考—组队—分享或转身交谈期间是否进行了自我反思和自我监控？	允许休息

如何在课堂上运用集中注意原理和进行实践

在下面空白处描述你在实践中遇到的挑战或问题。你可以参考表 6.1 中的例子，看看在课堂上，学生出现的有关注意力的问题属于哪个方面。在本模块中，你可能要重点关注这个方面。

实践中的挑战或问题。

你有什么证据能证明这是学生在实践中遇到的问题或挑战（例如观察、谈话、进门条、出门条、出勤数据、作业提交情况）？

描述你想使用的有效学习原理和实践。

将有效学习原理和实践与有关集中注意的学习科学研究联系起来。如果有必要，请参考本模块前面的信息。

　　请尽可能详细地描述你将如何实施这项有效学习原理和实践。同样，可参考表 6.1 中的例子。

　　你将如何与责任伙伴、指导教师或 PLC+团队合作，以确定自己实施的有效学习原理和实践是否有效？有什么证据能让你和同事确信该原理和实践无效？

你在设法从有关集中注意的学习科学中提取和实施有效学习原理和实践时，是否已思考上述方框中的问题？请记住，如果学生无法集中注意力，那么在你设计的学习体验或任务中，学生几乎是不可能获取知识、巩固知识和储存知识的。

检查理解与否

回到本模块的达标要求。参照你在前几个模块中的做法，回答时，请提供实例，以证明你知道。

我知道	我展示（回答问题，以示证明）
我能描述什么是集中注意吗？	
我能解释课堂上影响学生注意力的因素吗？	
我能设计具体的方法，将关于集中注意的研究应用于课堂，并评估这种应用的影响吗？	

讨论完激发动机和集中注意后，现在让我们来看看精细编码（elaborate encoding）的情况。

模块 7

有效学习原理 3：
精细编码

学习目标	达标要求
了解精细编码及其在学生学习中的应用。	完成本模块的学习后，我能够： • 描述什么是精细编码。 • 比较和对比在学习中精细编码和死记硬背的差别。 • 设计具体的方法，把关于精细编码的研究应用于课堂，并评估其带来的影响。

约翰·梅迪纳（John Medina，2014）认为，"在学习时，我们对信息的编码越精细，对信息的储存能力就越强"（p.110）。这是什么意思呢？就像我们在之前的模块中引用了"看不见的大猩猩"实验一样，让我们来看一下另一个实验。这个实验改编自约翰·梅迪纳的《让大脑自由：释放天赋的 12 条定律》（*Brain Rules: 12 Principles for Surviving and Thinking at Work, Home, and School*）一书。你会需要同事或 PLC+ 的帮助。

1. 把同事分成两组。

2. 第一组要识别并统计有对角线字母（如 N）的单词数量与没有对角线字

母的单词数量。

3. 第二组要确定这个词给他们的感觉是积极的还是消极的，并说明原因。

4. 然后，给他们两分钟看表 7.1 中的单词。

表 7.1 单词表

Nine	Cell	Ring
Sword	Apple	Table
Army	Fire	Worm
Clock	Color	Baby
Desk ·	Rock	Bird

5. 两分钟时间一到，把单词表收起来，请同事写下他们能想起来的单词。

6. 统计每组写下的单词数量。

令人惊讶的结果将把我们导向本模块的重点。你的第二组同事参与了精细编码，这是本书的第三个有效学习原理（见图 7.1）。

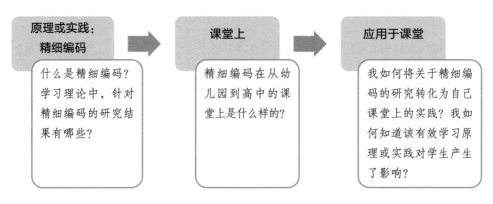

图 7.1 将有关精细编码的学习科学转化为有效学习原理和实践的框架

在继续之前，先回顾一下这个实验的细节，思考一下每组具体任务的异同，借助下面方框中的指导问题，在空白处记下你的想法。

前面的实验中，两组的任务有什么相似之处？又有什么不同之处？

根据你对这个实验的观察，总结一下什么是精细编码。

什么是精细编码

回到本模块开头的单词表，我们要求第二组教师关注自己的情绪反应，然后做出解释，以此对单词表做深层次加工。这和"数一数有多少个字母带有对角线"有很大区别。"精细编码"是通过将新的内容、技能和理解与已有知识、背景知识和以往的经验联系起来，对信息进行深度加工。维特洛克（Wittrock）提出的"生成过程"（见 Doctorow et al., 1978）是思考精细编码的一种方式。让我们用一段文本来尝试这个过程。

你可以找一篇报纸或杂志上的文章，或者你在家里、教室或办公室里能随手拿到的任意文章。当你阅读文章时，在每个段落的结尾处停顿一下，用你自己的话总结这一段落。

在线资源 ↖

获取更多关于精细编码的内容，请访问本书配套网站：resources.corwin.com/howlearningworks。

这种生成过程，即通过先阅读、后总结的方式主动参与到文本中去，促进了精细编码，学习效果也更好。

这项开创性的工作为后来与精细编码有关的学习科学研究做好了铺垫。当学生进行精细编码时，他们会对知识进行深度加工，因此能更好地获取、巩固和储存知识。

在线资源 ⌕

获取更多关于生成过程的内容，请访问本书配套网站：resources.corwin.com/howlearningworks。

精细编码的组成部分

精细编码包括三个支撑深度加工的组成部分。首先，最重要的是动机。是的，动机是一个反复出现的主题。学生要想把时间、注意力和精力投入精细编码的体验或任务中，就必须有动机。如果我们的课堂无法为学生提供动机，学生可能将学习默认为类似于统计含有对角线的字母数量的活动（例如，总结笔记和记忆词汇）。

> 学生要想把时间、注意力和精力投入精细编码的体验或任务中，就必须有动机。

其次，精细编码需要用多种表现形式呈现内容、策略和理解。我们提到的多种表现形式是指关于学习的不同心理表征或思维方式。例如，用自己的语言总结内容，自我提问，用图示和图像创造或联想学习内容，以及用材料构建信息组织图。

在线资源 ⌕

获取更多关于精细编码和从思考到行动的内容，请访问本书配套网站：resources.corwin.com/howlearningworks。

最后，精细编码鼓励学生在学习中探索和应用模式。这与简单的重复模式不同。请看下面这个来自小学数学课堂的例子。

选项 1	选项 2
目标：完成以下内容。 $6+10=?$ $7+9=?$ $8+8=?$ $9+7=?$ $10+6=?$	**目标**：完成以下内容。 1. 选择 2 到 9 之间的任意数字。 2. 将你选择的数字加上它本身，写出等式，并求解。 3. 然后，把你选择的数字加 1，得到一个新数字；再把你选择的数字减 1，得到另一个新数字。 4. 将第 3 步得到的这两个新数字相加。 5. 再重复这个过程几次。你注意到了什么？

来源：改编自哈蒂等（Hattie et al., 2017）。

> 选项 1 和 2 有什么相似之处？又有什么不同之处？

在这两个选项中，哪一个要求学生探索并应用模式？哪一个只是要求重复计算？在这个案例中，选项 2 是一个精细编码的例子，它可以促进学生获取、巩固和储存更多知识。但是选项 1 在学习过程中仍有着非常重要的地位，我们会在下一个模块中讨论。

请针对将精细编码融入课堂学习的不同方法进行头脑风暴，并将想法填写在下一页表格的空白处。

	将精细编码融入课堂学习的潜在方法
动机	
多种表现形式	
探索和应用模式	

促进精细编码的方法

虽然在学习中有很多方法可以支持精细编码，但我们会重点讨论一些很常见的方法，作为从学习科学的这个方面得出有效学习原理和实践的实例。

➜ 学生用自己的话总结学习（效应量=0.74）。促进多种表现形式以及探索和应用模式的方法之一是要求学生用自己的话总结内容、技能和理解。学生可以通过书面或口头交流来完成。在科学课上，学生可以转身与同伴交谈，例如，总结细胞呼吸中的克雷布斯循环（Krebs Cycle）。

学生必须有动机把时间、注意力和精力投入到精细编码的体验中。

➜ 自我提问（效应量=0.59）。当学生学习陈述性知识、程序性知识和条件性知识时，他们可以自己提出问题，然后做出回答。这些问题应要求学生澄清自己的理解，探查概念性理解，以及探究程序性知识。例如，在阅读完《织工马南》（*Silas Marner*）中的指定篇目后，学生可以提与阅读相关的问题，然后自己回答。

➜ 图示和图像（效应量=0.51）。"一图胜千言"虽是老生常谈，但的确是设计精细编码的好方法。把文字、数字与图像联系起来，可以提供多种表现形式，并允许我们识别模式。例如，在数学课上，学生在看到某个特定函数的方程的同时，还能看到该函数的表格和相应的示意图，就会受益匪浅。当然，他们可以总结出该方程的要素，并就此提出问题，然后做出回答。

"一图胜千言"虽是老生常谈，但的确是设计精细编码的好方法。

➜ 概念图（效应量 = 0.64）。最后，深度加工要借助概念图。然而，在这种情况下，概念图不仅仅是用线连接的圆圈。概念图旨在用语句解释为什么两个圆中的概念有相互联系。

精细编码原理和实践在课堂上是什么样的

我们来看看"学生用自己的话总结学习、自我提问、图示和图像、概念图"这几种方法在课堂上是什么样的，以及如何评价这些有效学习原理和实践对学生学习的影响（见表 7.2）。

表 7.2　从精细编码的研究中提取有效学习原理和实践，并将其应用于课堂

实践中的挑战或问题	可使用的有效学习原理和实践	评估影响的方法	与学习科学研究的联系
"学生只是简单记住了化学公式，并不理解细胞呼吸中的克雷布斯循环背后的原因。这不只是化学公式"。	教师要求学生和同伴一起用自己的话总结克雷布斯循环，然后写在自己的下课反馈单上。总结要包括具体的例子。	教师监督科学术语的使用情况，以及学生能否将克雷布斯循环与其他细胞过程联系起来谈论。学生在单元末的评估中是否回答了迁移类问题？	学生用自己的话总结学习

实践中的挑战 或问题	可使用的有效学习 原理和实践	评估影响 的方法	与学习科学研 究的联系
"学生只是阅读文字。他们没有扮演主动阅读者的角色，也没有试图理解文本。对他们来说，书只是印着文字的纸，而不是高质量的文学作品。"	学生在阅读小说《织工马南》时，必须提出不同类型的问题并做出回答。他们要把这些问题记录在阅读笔记本上，并将其用于本单元中的个人、同伴和小组任务。	学生能否在书面作业和课堂讨论中做出推论并引用文本中的例证？学生能否参考具体的情节并把这些细节与人物的发展联系起来？	自我提问
"学生没有完全理解：方程中的变量和限制条件是真实的东西，而不是一些抽象的概念。这是数学建模的本质。"	教师决定在学习线性方程的过程中，同时使用方程、表格和示意图。教师利用技术确保学生可以对方程进行修改，并能立即在表格和示意图中看到这些变化（如图形计算器 Desmos）。	课堂上观察学生的讨论和问题；教师干预前后的学生作业样本；学生是否在作业中提供了更多的细节或解释？	图示和图像
"学生很难看到点、边和几何图形之间的关系。他们只是试图记住图形的特征。"	教师决定使用信息组织图，要求学生组织信息、识别关系，并将这些关系应用于其他几何图形。	课堂观察；使用检查表，检查学生是否在新的学习中应用了关系，在讨论形状时是否有共同的语言，在包含不同类型几何图形的单元评估中表现如何。	概念图
"我的学生学不会艺术史上不同时期的基本特征。对他们来说，不同时期的艺术'看起来都一样'。"	艺术教师决定让学生创建一系列的思维导图，对表面上非常相似但属于不同时期的艺术进行比较。	课堂观察；学生在分析不同艺术作品时的谈话；用来解释每个时期艺术基本特征的论文。	概念图

当你回顾本表中的具体例子时，请记住，我们会用几个模块来培养学生自我调节学习的能力。现在，只需用这些例子来提出你的假设，即如何在课堂上获取和实施这一有效学习原理并促进学习。

如何在课堂上运用精细编码原理和进行实践

在下面空白处描述你在实践中遇到的挑战或问题。你可以参考表 7.2，看看课堂上精细编码的例子，你可能希望在本模块中重点关注这一点。

> 实践中的挑战或问题。

> 你有什么证据能证明这是学生在实践中遇到的问题或挑战（例如观察、谈话、进门条、出门条、出勤数据、作业提交情况）？

> 描述你想使用的有效学习原理和实践。

将有效学习原理和实践与有关精细编码的学习科学研究联系起来。如果有必要，请参考本模块前面的信息。

　　请尽可能详细地描述你将如何实施这项有效学习原理和实践。同样，可参考本书第 79 页到 80 页表 7.2 中的例子。

　　你将如何与责任伙伴、指导教师或 PLC+ 团队合作，以确定自己实施的有效学习原理和实践是否有效？有什么证据能让你和同事确信这条原理和实践无效？

检查理解与否

回到本模块的达标要求。参照你在前几个模块中的做法，回答时，请给出实例，以证明你知道。

我知道	我展示（回答问题，以示证明）
我能描述什么是精细编码吗？	
我能比较和对比在学习中精细编码和死记硬背的差别吗？	
我能设计具体的方法，把关于精细编码的研究应用于课堂，并评估其带来的影响吗？	

学完精细编码，现在我们来看看提取和练习。

模块 8

有效学习原理 4：
提取和练习

在上一模块中，我们谈论了精细编码的有效学习原理和实践。现在请你花点时间回忆上一个模块的内容，并用自己的话写下来。不要往回翻看，仅凭你的记忆来写。

写完以后，请翻到模块 7，找到精细编码相关内容，补充所有遗漏的细节或纠正不准确的信息。你回忆起了多少精细编码的内容，又遗漏了什么？是否不得不回顾上一个模块的内容？这个任务虽然和普通的复习所学内容很类似，但却为我们的提取和练习做了铺垫。然而，在进一步学习本模块之前，让我们先来完成另一个任务。

观察图 8.1 中七张看似是一美分硬币的图片。你很快就会注意到，它们各不相同。在这个实验中，你的任务是找出那张准确描绘一美分硬币的图片。请不要去找一美分硬币来比对。

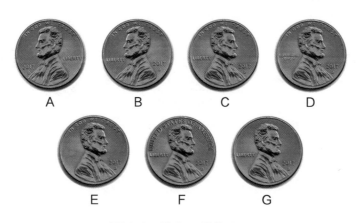

图 8.1　找出 1 美分硬币

图片来源：此图片由123RF提供。

在线资源 🖱

获取更多关于常见物体的长时记忆的内容，请访问本书配套网站：resources.corwin.com/howlearningworks。

在揭晓答案之前，让我们思考上面这两个任务。我们刚刚完成了模块 7，但很可能不得不回顾模块 7 的内容，来补充复习框中缺失的信息。此外，在一生中我们看过、接触过并使用过成千上万的一美分硬币。然而，我们很可能无法识别出一张描绘准确的一美分硬币图片。

如果我们把时间、注意力和精力投入到模块 7 中，就很有可能对"精细编码"的相关信息进行了精细编码。这种精细编码来自该模块包含的学习体验和任务。在识别一美分图片这个任务中，我们虽说看过、接触过并使用过成千上万的一美分硬币，但很有可能我们在使用时并没有注意它的细节或特征，也没有对这些细节或特征进行精细编码（顺便说一下，答案是 C）。尽管这两项任务对我们来说都很困难，需要我们为之努力，但你没有精细编码这些细节或特征，是因为你不需要——没有动机。简单地说，对陈述性知识、程序性知识和条件性知识的最初编码是不够的，我们还必须提取和练习知识，才能确保长期获取、巩固和储存这些知识（见图 8.2）。

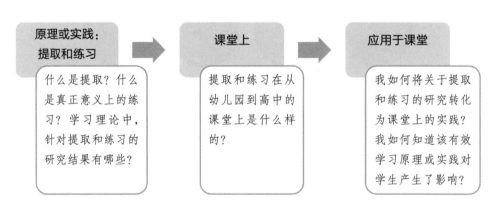

图 8.2　将有关提取和练习的学习科学转化为有效学习原理和实践的框架

什么是提取和练习

提取是"去获取"陈述性知识、程序性知识和条件性知识的行为。一旦知识被获取、编码和储存，提取行为就是通过主动加工重新激活该知识。我们要想巩固知识并使其进入长时记忆，就需要提取先前学习的相关内容，例如，四边形的特征、寻找基因型和表现型的过程、文章中作者意图的重要性，以及开始心肺复苏的条件等。研究充分证实，"去获取"信息的行为是促进知识巩固和储存的一种手段（Bjork，1975；Roediger & Karpicke，2006）。下面方框中的几个陈述出自关于提取的研究。然而，与其简单地把这些研究结果列出来，不如让我们利用提取的过程。请完成以下关于提取的填空。

1. 学生最好不要反复_____，而是要尽早且经常地进行自我_____。

2. 这并不意味着我们要_____更多的测试，而是要为学生提供大量的_____，让他们从记忆中重新_____以前学过的信息。

3. _____行为是一种记忆_____，无论什么_____被_____，都能得到强化。

4. 无论是看到答案还是_____信息，_____通过_____都能够带来更多好处。

5. 对于_____问题，学生是否会对某一特定问题的答案是_____，而另一些答案是_____做出解释？

6. 当材料经过_____的学习，并在新的情境中测试时，_____的学习情境会带来_____。

答案：

1. 重新学习；测试

2. 安排；机会；提取

3. 提取；强化剂；信息；提取

4. 复习、重温或重提；反馈；测试

5. 单选；正确的；错误的

6. 几个环节；不同；更好的表现

在继续往下阅读前，请花点时间进行头脑风暴：有关提取的学习科学研究结果对课堂可能产生哪些影响？

下表左栏中这四个具体的有关提取的研究成果如何应用于课堂？请把你的想法填在右栏中。

有关提取的研究结果	可能应用到我的课堂
学生最好能尽早且经常地进行自我检测。	
为学生提供大量机会，让他们从记忆中提取以前学过的信息。	
允许犯错！当学生犯了错，得到反馈，并有机会复习信息时，提取就能发挥更大的作用。	
改变情境也会使提取发挥更大的作用。	

我们很快就会讲到在课堂上如何提取。现在，我们要了解提取的两个重要方面：时机和类型。首先，我们来看一下提取的时机是什么？

提取时机

我们应该在什么时候提取？每次提取要间隔多长时间才能最好地促进学习？为了回答这两个问题，我们需要讨论下页图8.3。请花点时间，仔细观察这张图。

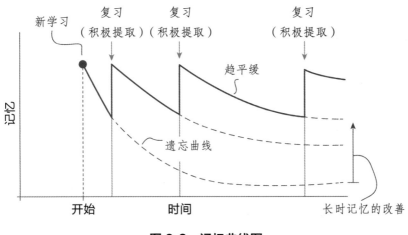

图 8.3　记忆曲线图

当你准备好后，请在下面空白处写下你对这张图的观察。你注意到了什么？哪些地方让你印象深刻？这张图是如何体现提取和时间之间的关系的？

提取就好比是我们每天都要摄入所需的水分。我们在一天中应该少量多次喝水，而不是在早晨或睡前一次喝完每天的推荐摄入量。此外，我们应该在口渴之前喝少量的水。

同样，我们应该在学习过程中，按天、周或其他单位时间设定提取时间，并在学生快要遗忘的时候提供提取的机会。了解了这一点，请回到上面的空白处，补充图中凸显的其他发现。同时，请花点时间回顾上一页有关提取的学习科学研究结果表。利用关于提取间隔的知识，你可以想到将其应用于课堂的其他方法吗？

提取练习的类型

我们已经谈论了提取的好处和提取时机的本质。在本模块的后半部分，让我们通过观察两种不同的练习方式——无意练习和刻意练习（Ericsson & Pool，2016）来讨论提取的类型。

无意练习只是过程的重复，通常没有目的性，就只是简单地走个过场（Ericsson et al.，1993）。例如，在数学学习中，学生玩数学游戏，仅仅因为这是日程安排上的一个任务；学生简单地反复计算一个三角形的面积，只因为那是作业。又如，在科学学习中，学生反复温习花的各个组成部分、复习岩石循环的步骤或计算各种物质的密度，这些都属于无意练习。再如，因为教师认为抄写可以帮助学生掌握单词拼写，所以教师就让学生抄写十遍或一百遍单词。同样，使用闪卡记忆日期和事件，也不太可能确保加深学生对古代文明或特定地区地理知识的理解。虽然这有助于记忆，但知识的灵活性和适用性却受到了限制（即对知识的迁移作用是有限的）。

刻意练习是一种针对需要改进之处，有意识、有组织地进行学习的方式。

而在刻意练习中，学生先要明确他们想要改进的某个内容、做法或安排，然后集中投入时间和精力，直到和其他知识融会贯通。刻意练习是一种针对需要改进之处，有意识、有组织地进行学习的方式（Ericsson et al.，1993）。

在线资源

获取更多关于刻意练习的内容，请访问本书配套网站：resources.corwin.com/howlearningworks。

在数学学习中，学生可能认识到自己在学习将分母不同的分数加起来时有困难。在这种情况下采用刻意练习的方法，意味着学生仍然可以玩游戏，但游戏应该是针对这一需求而特意选择的，并且该游戏应侧重于找到公分母，再把分数相加的策略。如果一个学生对多步骤的情境化问题感到困惑，教师就可以采用实际演算、画草图或把类似的问题可视化并进行表述等方法，从而方便学生理解，而不必担心这些问题能否真正地得到解答。这样一来，学习步骤就能够更明确，做到有的放矢。

在科学学习中，学生可能认识到他在学习化学方程式配平时有相当大的困难，特别是在氧化—还原反应方面。在英语学习中，学生可能觉得拼写有困难，教师就可以反复测试拼写，让学生分析单词中出错的位置，然后集中精力学习该拼写规则，并类推其他单词（要注意，我们承认英语中也存在没有拼写规律可循的单词）。

当学生努力学习某一领域的知识时，刻意练习可以帮助他们关注某个特定内容、某种具体技能或某一部分的理解。如果学生在理解人类行为与环境之间的关系方面遇到了问题，教师就可以针对这一概念每隔一段时间就上一堂精心设计的练习课，以加深学生对这一概念的理解。如果学生在记忆古希腊和古罗马的区别方面遇到了挑战，教师就需要设计同样的间隔练习课帮助他们有针对性地提高。

通过练习，学生加深了对知识的巩固和记忆。从最初获取陈述性知识、程序性知识和条件性知识到将它们存入长时记忆的过程，是通过刻意练习完成的。

然而，我们不能止步于此。正如第 89 页上的遗忘和记忆曲线所证明的，学生需要保持记忆。这就要求学生不断提取，以巩固记忆。现在，让我们在课堂上尝试进行提取和练习（见下页表 8.1）。

提取和练习的原理与实践在课堂上是什么样的

同样，我们将用几个模块来培养学生自我调节提取和练习的能力。毕竟，同时管理 30 个各不相同且处于不同学习进度的学生进行刻意练习是不可持续的。现在，请用下表中的这些例子思考如何在你的课堂上应用这一有效学习原理并促进学习。

表 8.1 从提取和练习的研究中获取有效学习原理和实践，并将其应用于课堂

焦点	刻意练习的方法	学生和教师如何知道自己需要刻意练习？	无意练习的机会
利用熟悉的多边形构成来计算多边形面积	使用教具、草图、折叠和可视化来组合和分解多边形。 让学生在周围环境中寻找或创造不规则的形状并求出它们的面积。	召开会议，确定在解决问题中遇到的困难。 讨论问题解决过程中的解释和反思。 分享和讨论形成性评估的反馈，如出门任务单（exit tasks）和铰链问题。	快速画出构合多边形和分解多边形的图像。 将求出不规则图形的面积作为每周选做的任务。
孤立系统中的质量守恒定律	根据需要改进的领域提供不同的家庭作业；使用小组教学；使用学习协议。	针对进门条和出门条给学生提供反馈。 支持学生回答自己的问题。	继续在接下来的进门条、出门条和其他评估中提出与此主题有关的问题。
高频词	阅读有词汇分级和词汇解读的文本。	在小组阅读教学中，帮助学生认识到哪些单词他们已经掌握了，哪些需要额外的指导或练习。	使用闪卡应用程序来练习单词。 全班一起朗读单词墙上的单词。 将高频词表带回家，和家长一起练习。
中国和韩国对古代日本的影响	根据需要，从各种渠道阅读与该主题相关的资料。 在学习管理系统上观看视频，系统会根据练习测试提供所需信息。	使用形成性练习测试来确定学生有优势的方面和需要提高的方面。 要求学生分析他们的结论并制订学习计划。	创建信息组织图或笔记页。 参加学习管理系统中的测验，这些测验应提供纠错反馈和重考的机会。

来源：改编自阿尔马罗德等（Almarode et al.，2021）。

如何在课堂上运用提取和练习原理，并进行实践

提取和练习不仅仅是"机械训练"，更是学生为了弥补学习中的差距而进

行的有意图、有目的、深思熟虑的行为。这些差距不是学生的缺陷，而只是让学生从现有水平到目标（例如期望、学习目的和达标要求）的通道。为了避免我们落入无意练习或为练而练的陷阱，请花点时间回顾一下本模块的大概念。使用下面的 T 型图，列出无意练习和刻意练习的特点和例子。

无意练习	刻意练习

你可以在下面空白处描述你在实践中遇到的挑战或问题。你可能希望在本模块中重点关注提取和练习的例子，你可以参考上页表 8.1，看看课堂上进行提取和练习的例子。

实践中的挑战或问题。

你有什么证据（例如观察、谈话、进门条、出门条、出勤数据、作业提交情况）能证明这是学生在实践中遇到的问题或挑战？

描述你想使用的有效学习原理和实践。

将有效学习原理和实践与有关提取和练习的学习科学研究联系起来。如果有必要，请参考本模块前面的信息。

请尽可能详细地描述你将如何实施这项有效学习原理和实践。同样，可参考第 92 页表 8.1 中的例子。

你将如何与责任伙伴、指导教师或 PLC+ 团队合作，以确定自己实施的有效学习原理和实践是否有效？有什么证据能让你和同事确信该原理和实践无效？

检查理解与否

回到本模块的达标要求。参照你在前几个模块中的做法，回答时，请提供实例，以证明你知道。

我知道	我展示（回答问题，以示证明）
我能认识到提取和练习对学生学习的好处吗？	
我能描述改善学生学习的提取和练习的条件吗？	
我能设计具体的方法，把关于提取和练习的研究应用于课堂，并评估其带来的影响吗？	

学完提取和练习，现在我们来看看认知负荷。

模块 9

有效学习原理 5：
认知负荷

学习目标	达标要求
了解认知负荷及其对学生学习的影响。	完成本模块的学习后，我能够： • 描述什么是学生的认知负荷。 • 确定管理学生认知负荷的方法，从而促进学习。 • 设计具体的方法，把关于认知负荷的研究应用于课堂，并评估其带来的影响。

我们很多人对下面这张图片（见图 9.1）都不陌生。这个特殊的物品会为我们揭秘本模块要学的有效学习原理——认知负荷。请想一想，并试着描述使用电涌保护器的目的和好处。这可以为我们接下来的学习做好准备。

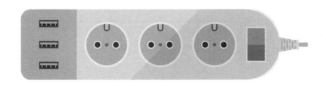

图 9.1 电涌保护器

图片来源：此图片由123RF提供。

你可能想到了一些使用电涌保护器的目的和好处，如可以插入多个设备、兼容 USB 插件，也许你还想到了电涌保护器可以保护设备免受尖锋电流的危害。与此类似，我们的认知架构也可以提供保护，防止信息过载。需要澄清的是，学习力并不完全等同于电力。如果学生接受了太多的信息，他们的认知架构不会受到损害。

> 与此类似，我们的认知构架也可以提供保护，防止信息过载。

但是，就像当电力过载时电涌保护器会关停电器一样，信息过载时大脑也会忘记很多知识。这就是理解认知负荷理论的基础。了解认知负荷的含义，并采取措施确保我们不会因为给学生过多信息，导致超过学生的认知负荷而无意中触发学生大脑中的"电涌保护器"，将有助于学生编码、巩固和储存在课堂上学到的基本的陈述性知识、程序性知识和条件性知识。图 9.2 是将认知负荷这一学习理论转化为有效学习原理和实践的框架。

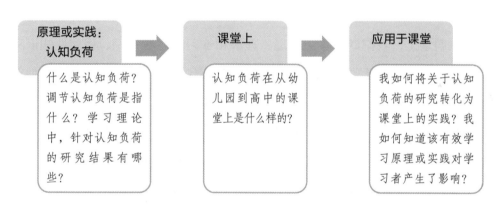

图 9.2　将有关认知负荷的学习科学转化为有效学习原理和实践的框架

在线资源

获取更多关于认知负荷理论的内容，请访问本书配套网站：resources.corwin.com/howlearningworks。

什么是认知负荷

"认知负荷"是指施加在学生工作记忆上的"重量"或"压力"。

"认知负荷"（cognitive load）是指施加在学生工作记忆上的"重量"或"压力"。

> 奥姆罗德认为，工作记忆是记忆的组成部分，用于在短时间内储存并理解关注的信息，也用于进行大部分的积极认知加工。例如，我们在思考讲座的内容，分析教科书中的段落或解决问题时，都需要用到工作记忆。基本上，记忆系统中大部分脑力劳动都在这里完成，因此它被称为"工作记忆"。（Ormrod，2011，P.186–187）

在课堂上，我们期望学生知道、理解和练习陈述性知识、程序性知识和条件性知识，而这是学生工作记忆要承受的"重量"或"压力"之一。其他的"重量"或"压力"可能来自学生在课堂上的其他互动和体验（例如，午餐时与朋友发生争论，对课后活动或事件感到兴奋，对某件事感到忧虑，或因为想要放一天假而期待天气变得糟糕）。然而，正如电子设备不能承受无限的能量或电力负荷，工作记忆和认知负荷也是有限的。在一段时间内，工作记忆所能积极处理的信息数量是有限的。

让我们快速做一个实验，来证明工作记忆的局限性。

从以下数学问题中选择一个，并靠心算求解。

1. 51456 除以 62 等于多少？

2. $3X+12=24$ 中 X 的值是多少？

3. 多项式 $(X+Y)^3$ 展开后的系数是多少？

实验进行得怎么样？在不借助纸或笔的情况下，以上几个问题很可能颇具挑战性，你可能干脆放弃了，跳过这个问题。你得出任何一个问题的正确答案了吗？仅在大脑中就能解决的问题和那些挑战性很大的问题有什么区别？把这些区别记录在下面空白处，过一会儿我们还要回过头来看这些记录。

认知负荷有三种类型：内部认知负荷（intrinsic cognitive load）、外部认知负荷（extrinsic cognitive load）和关联认知负荷（germane cognitive load）（Sweller et al.，1998）。

在线资源
获取更多关于认知负荷三大类型的内容，请访问本书配套网站：resources.corwin.com/howlearningworks。

内部认知负荷是指学习体验或任务包含的具体内容、技能和理解的全部难度和复杂性。在中学课堂上，学习体验或任务的例子可以是解一个微分方程或分析《联邦党人文集》（*Federalist Papers*）。对于年龄较小的学生来说，学习体验或任务可能是分母不同的分数加减法，或者阅读娜塔莉·巴比特（Natalie Babbitt）的《不老泉》（*Tuck Everlasting*）。某个特定体验或任务的内部认知负荷取决于学生的准备情况以及他们与内容、技能和理解的互动过

这种类型的认知负荷与主题的"内在"性质有关。

程。另外需要强调的是：这种类型的认知负荷与主题的"内在"性质有关。

请在下面空白处列出若干内部认知负荷的具体内容、技能和理解。在课程中，许多具体主题本身对学生来说难度较大、较复杂，请将它们写在下方，并解释一下你为什么认为它们能给学生带来较大的内部认知负荷。

回顾第 98 页上的三个数学问题，你可以从自己的角度估计这些题目的内部认知负荷水平。除了我们工作记忆的局限性外，每个问题的内部认知负荷都关乎你能否解出这道题。

外部认知负荷指的是学习材料和周围的环境。不同于主题的内在性质，外部认知负荷是指"主题的包装"。例如，对于围绕一个特定主题的问题，其难以理解的措辞和复杂的用语就是外部认知负荷。如果将三个数学问题都放入一道词汇难度大且复杂的应用题中，那么任务就超越了数学问题本身，认知负荷就会变大。同样，要求年龄小的学生根据文本进行推理或从文本中援引证据会带来一定的内部认知负荷，但是提供含糊不清或不太适合的例子还会增加额外的外部认知负荷。

外部认知负荷还包括学习环境中需要学生注意或忽略的干扰因素（例如，其他学生的说话声，窗外的噪音，房间的温度，零食、午餐或放学时间临近）。这些干扰因素会增加认知负荷。

回到前面列出的能给学生带来较大内部认知负荷的内容、技能和理解。现在考虑学习材料和环境。请在下面框中列出你认为会增加外部认知负荷的具体特征或条件。

关联认知负荷来自学生在组织、整合以及关联已有知识过程中，对内容、技能和理解进行的积极加工。这正是我们想要学生做的！为了实现这种学习，我们必须监控学生的内部认知负荷水平，减少外部认知负荷水平，并设计学习体验和任务，以最大限度地增加关联认知负荷。关联认知负荷是指积极地参与学习体验和任务，从而获取、巩固和储存陈述性知识、程序性知识和条件性知识。这包括我们在前几个模块探讨过的有效学习原理。

请花点时间，在下面的表格里明确地把关联认知负荷和之前的有效学习原理联系起来。回顾前面的模块，提供具体的例子，说明这些原理如何帮助我们实现关联认知负荷最大化。

在线资源 ⌕

获取更多关于关联认知负荷的内容，请访问本书配套网站：resources.corwin.com/howlearningworks。

有效学习原理	这些原理如何帮助我们实现关联认知负荷最大化
激发动机	
集中注意	
精细编码	
提取和练习	

让我们最后再来看看前面三个数学问题，特别是问题 2 和问题 3。为了让关联认知负荷最大化，我们可以给学生机会去发现并应用杨辉三角（Pascal's Triangle）中产生的模式和扩展二项式（expanded binomia）中的系数。另一个提高关联认知负荷的方法是让学生看到 $Y = 3X + 12$ 产生了一条直线，而这条直线上的点坐标（4，24）是其中一个解。

现在，让我们把关联认知负荷的概念与前几个模块的内容联系起来。回顾你之前列出的学生带来较大内部认知负荷的内容、技能和理解，并在下框中列出你可以用来提高关联认知负荷的具体策略或方法。为了帮助你产生灵感，请围绕激发动机、集中注意、精细编码以及提取和练习进行思考。

在学习认知负荷理论在课堂上的应用之前,让我们围绕三种认知负荷类型进行提取和练习。下面使用维恩图(见图9.3)来比较内部认知负荷、外部认知负荷和关联认知负荷。你可以用自己课堂上的具体例子——参考你在本模块中列出的内容。

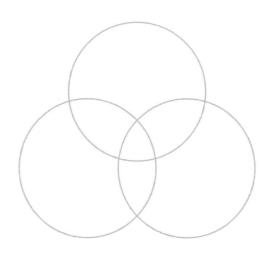

图9.3　维恩图 2

认知负荷原理和实践在课堂上是什么样的

调节内部认知负荷、最小化外部认知负荷和最大化关联认知负荷是设计学习的首要任务。就像电涌保护器防止我们的设备因电力过载被破坏一样,我们的认知架构也可以保护我们的工作记忆。

内部认知负荷　+　外部认知负荷　+　关联认知负荷

调节　　　　　　最小化　　　　　　最大化

请花点时间回顾奥姆罗德对工作记忆的定义，请圈出、画出或标亮以下词语：

关注

理解

积极认知加工

为了理解在我们的课堂上如何调节、最小化和最大化认知负荷，我们必须清楚学生关注什么、理解什么和积极加工什么。这样（也只有这样），我们才能针对认知负荷做出有意图、有目的、深思熟虑的决定。表 9.1 分享了一些从认知负荷理论研究中提取有效学习原理的做法。

表 9.1　从认知负荷的研究中提取有效学习原理和实践，并将其应用于课堂

实践	该实践在课堂上是什么样的	课堂实例
连贯一致	从学习材料的说明、叙述或描述中删除任何不必要的和不相关的信息。	在数学中，确保文字和图像只包含对概念和技能或对该概念和技能的应用来说至关重要的信息。
利用标记	利用工具和技术，把学生的注意力引向基本内容、技能和理解。	在社会研究中，使用填写笔记，要求学生在学习体验中"填写"基本信息。这也可能包括使用粗体字、斜体字和其他图示。
避免重复	当使用图示时，避免同时提供文字和音频。因为这需要学生同时处理冗余的信息。	当使用图示时（例如科学或艺术史），用语音或文字来解释。不要同时使用两者。
将标签和描述词放在靠近图示的地方	将标签和描述词放在其指示的图像或图示旁边，通常称为"空间邻近"。	在柴油机维修课上，基本保养和维护手册上的标签应该紧挨着手册中的零件和流程。对图片进行颜色编码和提供图例效果不好。
标签和描述词与图示同时出现	这种做法被称为"时间邻近"。标签、描述词和图像或图示应该同时呈现。	当教学生文本特征时，文本特征与名称应同时呈现。这样做能把图示和术语联系在一起。

如何在课堂上运用认知负荷原理和进行实践

你可以在下面空白处描述你在实践中遇到的挑战或问题。若你想重点了解如何减轻认知负荷，你可以参考本书第 104 页表 9.1，看看课堂上减轻认知负荷的例子。

> 实践中的挑战或问题。

> 你有什么证据（例如观察、谈话、进门条、出门条、出勤数据、作业提交情况）能证明这是学生在实践中遇到的问题和挑战？

> 描述你想使用的有效学习原理和实践。

将有效学习原理和实践与有关认知负荷的学习科学研究联系起来。如果有必要，请参考本模块前面的信息。

请尽可能详细描述你将如何实施这项有效学习原理和实践。同样，可参考表 9.1 中的例子。

你将如何与责任伙伴、指导教师或 PLC+ 团队合作，以确定自己实施的有效学习原理和实践是否有效？有什么证据能让你和同事确信该原理和实践无效？

回到本模块的达标要求。参照你在前几个模块中的做法，回答时，请提供实例，以证明你知道。

我知道	我展示（回答问题，以示证明）
我能描述什么是学生的认知负荷吗？	
我能确定管理学生认知负荷的方法，从而促进他们的学习吗？	
我能设计具体的方法，把关于认知负荷的研究应用于课堂，并评估其带来的影响吗？	

接下来，我们来看积极困境。

模块 10

有效学习原理 6：
积极困境

学习目标	达标要求
了解积极困境，以及如何让学生利用积极困境，从而促进学习。	完成本模块的学习后，我能够： • 比较积极困境和消极困境的区别。 • 描述如何让学生利用积极困境促进学习。 • 设计具体的方法，把关于积极困境的研究应用于课堂，并评估其带来的影响。

　　在讨论积极困境（这似乎是学习中的一个悖论）的概念前，让我们先退一步，用地球和太空科学来构建本模块的框架。天文学家和天体生物学家长期努力以求发现其他行星体。这些行星体要么存在生命，要么拥有维持生命所需的必要条件。一些出色电影的灵感就来源于地球和太空科学的这一追求。1913 年，天文学家爱德华·莫德（Edward Maunder）提出了环星宜居区（circumstellar habitable zone）的概念，简单来说就是"宜居区"（见下页图 10.1）。宜居区是指围绕一颗恒星的轨道范围，在这个范围内，行星具有液态水存在的必要条件（Lorenz，2020）。

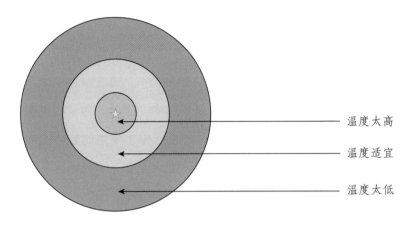

温度太高

温度适宜

温度太低

图 10.1　宜居区图 1

换句话说，恒星和行星之间的距离令地表温度既不会太热，也不会太冷，而是恰好适合液态水存在。虽然宜居区最初是用来描述行星上的条件，但这个想法也可以应用于我们学校和教室的学习体验或任务。

让我们修改一下爱德华·莫德的原始概念，帮助我们更好地理解积极困境的概念。如果同心圆的中心被修改为学习任务或学习体验，你会如何修改外围三个区域的描述词（见图 10.2）？

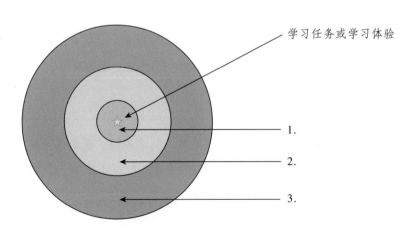

学习任务或学习体验

1.

2.

3.

图 10.2　宜居区图 2

正如我们在前文中指出的，本书关注三种类型的知识：陈述性知识、程序性知识和条件性知识。我们必须计划、设计和实施学习任务与学习体验，为学生提供获取、巩固和储存这些知识的机会，并在必要时灵活地运用不同的学习方法（例如精细编码、提取和练习以及认知负荷）。随着学生在学习中不断进步，每个学习任务或学习体验的困难程度要适中。因此，为了提供属于宜居区（即积极困境）的任务和体验，我们必须调整好每个学生体验到的难度和复杂性。换句话说，任务或体验不能太难，也不能太无聊。积极困境是一条有效学习原理（见图 10.3）。

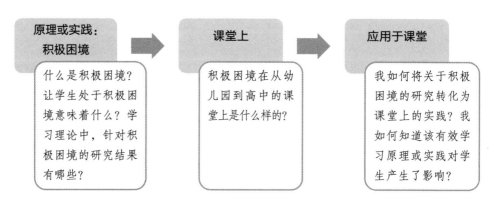

图 10.3　将有关积极困境的学习科学转化为有效学习原理和实践的框架

让我们重温一下前面提到关于积极困境的一句话："为了提供属于宜居区的任务和体验，我们必须调整好每个学生体验到的难度和复杂性。"

在上面的句子中，圈出引起你注意的某个词或短语。这句话对设计学习的影响是不容忽视的。重读上面句子后，请在空白处写下你的一些疑问。

这些问题有助于我们关注本模块的下一个部分。例如，你可能写了以下问题：

1. 什么是积极困境？
2. 这对每个学生都是不同的吗？
3. 难度和复杂性之间的区别是什么？

下面我们设法解决以上三个问题以及其他问题。

什么是积极困境

积极困境（productive struggle）是指当任务或体验很难、很复杂时，学生必须投入大量的认知资源才能在该任务或体验中取得进展，但前提是学生需要得到必要的帮助和支持，以免受挫或泄气。芭芭拉·布莱克本（Barbara Blackburn，2018）将积极困境描述为学生的"甜蜜点"（sweet spot）。无论学生更喜欢"甜蜜点"还是"宜居区"的说法，对不同的学生而言，积极困境都有着不同的含义。例如：对一个学生来说复杂的东西，对另一个学生来说可能没有那么复杂；对一些学生来说是困难的事情，对另一些学生来说可能做起来却比较容易。明确复杂性和难度的含义，是我们为学生找到宜居区的第一步。请在下面的空白处写下你自己对复杂性和难度的定义或描述。你认为这两个术语是什么意思？

> 对于不同的学生，积极困境有着不同的含义。

复杂性	难度

复杂性描述了参与学习任务或体验所需的思维水平。例如，识别作者的写作技巧或写作目的在认知上没有对比两篇文章的多个要素那么复杂，尤其是在这两篇文章对学生来说都是全新的情况下。同样，分析一份历史文件的目的、信息和受众在认知上比描述该文件更为复杂。

复杂性 = 思维

那么，难度则描述了参与学习任务或体验、完成任务并达到预期的学习目标和达标要求所需的努力程度。回答关于一篇文章的二十五个问题比回答一两个问题的难度更大。同样，做三四个多步骤的数学题比做三十个多步骤的数学题难度要小，这和任务的复杂性关系不大。

难度 = 努力

请花点时间回顾你先前对复杂性和难度的定义或描述。你会对自己的第一反应做哪些编辑或修改？

我们可以用"复杂性"和"难度"这两个词来描述我们为促进学习而计划、设计和实施的任务和体验。在回答"我们如何学习"这个问题时，答案是积极困境。当难度和复杂性都很高时，学生很可能会努力，而努力对学习过程很重要。这并不是说所有任务和体验都是有挑战性的，而是说教师应该有策略地将学生置于需要跳一跳才能摘到桃子的情境中，这样才能促进他们的学习。

回顾上一模块的认知负荷。学生的认知负荷是如何引导和帮助我们决定研究积极困境的？在空白处写下在确定学生处于积极困境中的局限性时需要考虑的事情。

进一步回顾之前关于集中注意和激发动机的模块。关于集中注意和激发动机的研究是如何帮助我们决定研究积极困境的？在空白处写下在确定学生处于积极困境中的局限性时需要考虑的事情。

当我们把积极困境这一有效学习原理转化为实践时，你可能会考虑到失败。

正如卡普尔（Kapur，2008）指出的，有效失败是有效学习中的一个重要考虑因素。卡普尔（2014）进一步提出，"从错误、失误和失败中学习，似乎很直观，很有说服力。每个人都能体会到这一点。但是，如果失败是一个强大的学习机制，为什么我们要等待它起作用？为什么我们不能设计失败，了解它是如何以及何时发挥作用的？万一在学习概念或技能时设计失败会更有益于促进学习呢？"例如，高中物理课上的学生正在研究一个开放问题，这个问题要求他们考虑一个物体的起始高度和初始速度如何影响该物体的弹射运动。学生有多种实验用品（例如不同质量的物体、塑料轨道、测量装置），但他们需要自己设计实验来回答这个问题。这是一项既困难又复杂的任务。

当学生处于积极困境中时，他们必须不断地监控对话和任务进展；这使我们既能发现学生在哪些地方觉得吃力，又能确定他们为什么会吃力。只有这样，我们才能确定接下来怎么做合适，以减轻学生在该任务或体验中的认知负荷。这种监控和有目的的干预使教师能够促使学生进行自我反思、自我监控和自我评价，这需要更多的练习和反馈，才能使学生达到掌握或熟练的程度。我们将在下一个模块中解读反馈，所以请将积极困境的内容保留在工作记忆中，以确保你不会认知过载。

积极困境对我们的学习方式很重要，但如果学生要熟练掌握特定的陈述性知识、程序性知识或条件性知识，他们就需要有机会进行提取和练习。

在线资源 ⌕

获取更多关于有效失败和设计有效失败的内容，请访问本书配套网站：resources.corwin.com/howlearningworks。

回顾上一模块关于提取和练习的内容。在空白处写下学生在处于积极困境时需要考虑的事情。这与提取和练习有什么关系？

利用积极困境来指导后续的任务和体验，为学生提供了进行提取和练习的机会。例如，在前面提到的物理课上，假如学生在理解物体弹射过程中水平运动和垂直运动之间的关系时缺乏必备的已有知识或背景知识，那么他们很可能徒劳无功（即注意力减弱、动机下降和认知超载）。这样一来，我们就必须提供额外的学习任务和学习体验。你可能还记得模块 3 中我们提到过，还有如下一些原因可能使努力变得毫无成效（Chew & Cerbin，2020）。

1. 学生可能对某一学科或内容领域持有特定的想法或态度。

2. 学生可能还不具备自我反思、自我监控和自我评价的技能。

3. 学生可能对某一门课感到恐惧，这种恐惧感可能来自对教师的不信任。

4. 学生可能没有必要的知识储备或背景知识（例如消极困境和无效失败）来应对积极困境。

5. 学生可能对任务或体验的主题或具体内容有误解。

6. 学生可能没有最有效的学习策略来应对积极困境。

7. 学生可能不会把以前的知识迁移到新的任务或体验中。

8. 学生可能没有注意到任务或体验的必要方面，无法将努力导向成功。

9. 学生在参与任务或体验的过程中可能会出现认知超载的情况。

我们在设计学习时面临的挑战将极大地影响学生利用积极困境的意愿和能力。当我们设计的任务和体验包含积极困境时，我们必须善用学生学习的证据。在继续往下之前，请翻到模块 3，回顾一下你的计划，看看你将如何为每个挑战生成和收集证据。你可以对你的计划进行编辑、修改，或添加新的想法。我们将在本书的下一模块中实施这一计划。现在，让我们看看积极困境原理的实际应用。

积极困境原理和实践在课堂上是什么样的

积极困境关乎学习任务或体验的质量，而不是数量。这意味着我们必须有意识地、慎重地、有目的地设计我们的任务和体验。有许多要素有助于我们根据学生的需要来提高所有学生的学习质量，这些要素包括但不限于以下几点。

➜ 获取复杂的文本。

➜ 注重从文本中提取和利用证据来解释思维。

➜ 有机会通过信息性文本了解背景知识。

➜ 在陈述性知识、程序性知识和条件性知识之间取得平衡。

➜ 在各学科之间融合上述要素。

为了进一步研究积极困境在课堂上的应用，我们想讨论一下有关积极困境的误解（见下页表 10.1）。

表 10.1　有关积极困境的误解

误解	解释
大量的家庭作业或需要完成的课外任务会促进积极困境产生。	很多时候，我们错误地认为，为学生布置大量的"事情"，让他们在家里和父母、监护人或看护人一起做，就是在促进积极困境产生。大量的"事情"会让学生没有机会获取必要的校外资源，这对学生来说是不公平的。
内容越多越好。	覆盖更多的主题、任务或活动并不代表可以促进积极困境产生。这种误解有时会导致教师期望学生学习他们还没有准备好的内容、技能和知识。
并非所有学生都能够挑战积极困境。	积极困境往往是为某些我们认为有能力解决某些问题的学生而设定的。像"我的学生做不到"这样的说法就是这种错误观念的体现。这反映了缺陷思维（deficit thinking），剥夺了一些学生进行高水平学习的机会。
支持和帮助会使积极困境无法生效。	挑战积极困境不一定要在没有任何帮助的情况下独立完成任务或体验。事实恰恰相反。这种误解让学生内心长期存在这种想法，即"我不应寻求帮助"。支持和帮助是所有学习的基本组成部分，对所有学生都应提供支持和帮助。
课程和项目自带挑战积极困境的机会。	我们常常认为，课程编写者和项目开发者提供给我们的资源里包含了积极困境。虽然这种期望并非不合理，但这是一种误解。我们必须对现有资源中的任务和体验进行分析，以便根据课堂的实际环境做出必要的调整。那些课程编写者和项目开发者并不像我们那样了解学生。
学习标准催生了积极困境。	记住，标准告诉我们该教什么，而不是怎么教。积极困境代表了"如何做"，并且其对象应该知情。在这种情况下，这个对象就是我们的学生。简单地说，标准并不自动提供挑战积极困境的机会，它们催生了对学习的期望。积极困境是设计出来的。

来源：改编自布莱克本（Blackburn，2018）。

如何在课堂上运用积极困境原理和进行实践

你可以在下面空白处描述你在实践中遇到的挑战或问题。你还可以参考上一页的表格（见表 10.1），看看在你的课堂上积极困境的例子，这可能是你希望在本模块中重点关注的。

实践中的挑战或问题。

你有什么证据（例如观察、谈话、进门条、出门条、出勤数据、作业提交情况）能证明这是学生在实践中遇到的问题和挑战？

描述你想使用的有效学习原理和实践。

将有效学习原理和实践与积极困境的学习科学研究联系起来。如果有必要，请参考本模块前面的信息。

请尽可能详细地描述你将如何实施这项有效学习原理和实践。同样，可参考表 10.1 中的例子。

你将如何与责任伙伴、指导教师或 PLC+ 团队合作，以确定自己实施的有效学习原理和实践是否有效？有什么证据能让你和同事确信该原理和实践无效？

回到本模块的达标要求。参照你在前几个模块中的做法：回答时，请提供实例，以证明你知道。

我知道	我展示（回答问题，以示证明）
我能比较积极困境和消极困境的区别吗？	
我能描述如何让学生利用积极困境促进学习吗？	
我能设计具体的方法，把关于积极困境的研究应用于课堂，并评估其带来的影响吗？	

积极困境需要有效的反馈。它需要适时、适量的反馈，并通过正确的方式来促进学习。我们在关注反馈的同时，也要关注培养学生的能力，使他们能够利用科学的学习方法来掌控自己的学习。

有效学习原理 7：
及时反馈

学习目标

了解及时反馈对于促进学习的作用。

达标要求

完成本模块的学习后，我能够：

• 描述有效反馈的特点和组成部分。

• 解释课堂上有效反馈的互惠性。

• 设计具体的方法，促进给予和接收反馈，并评估其带来的影响。

及时反馈是将知识的获取、巩固和储存联系到一起的黏合剂。随着学生在学习过程中不断取得进步，他们会获取关于学习进展的宝贵信息。此外，他们必须有机会分享反馈，分析哪些因素促进学习，哪些因素阻碍学习。当我们开始学习最后一条有效学习原理之前，我们想强调的是，关于反馈的有效学习实践并不是单向的。学习科学中关于反馈的研究表明，反馈的给予和接受对于增强学习效果至关重要（见下页图 11.1）。

原理或实践：及时反馈	→	课堂上	→	应用于课堂
什么是及时反馈？有效反馈包含哪些部分？学习理论中，针对及时反馈的研究结果有哪些？		及时反馈在从幼儿园到高中的课堂上是什么样的？		我如何将关于及时反馈的研究转化为课堂上的实践？我如何知道该有效学习原理或实践对学生产生了影响？

图 11.1　将有关及时反馈的学习科学转化为有效学习原理和实践的框架

什么是及时反馈，如何取得实效

及时反馈的定义是交流关于行动、事件或过程的评价性信息或纠正性信息，是改进的基础（Merriam-Webster，2021c）。当学生把时间、精力和努力用在精细编码、提取和挑战积极困境上，这种信息交流可以为他们提供帮助。及时反馈也可以帮助学生管理认知负荷（在接下来的模块中会有更多的介绍）。只有当信息被接收并有效地融合到学习体验或任务中时，反馈才能有助于学习。为了有效地将反馈融入学习，反馈必须是学生可接受的。只有以下三个对教师和学生都非常重要的问题得以解决，反馈才更容易被学生接受并促进学生的学习（Hattie，2012）。

1. 我们现在要做什么？
2. 我们怎么做？
3. 我们接下来要做什么？

回忆一下你和学生之间的几次反馈交流。学生是否已经接受反馈并在学习中对反馈做出了回应？如果学生没有接受反馈，并将其融入学习体验或任务中，那么请用上面的三个问题反思，并写下反馈未被接受的可能的原因。

1.
2.
3.
4.

正如我们在本模块的开篇提到的，关于反馈的技能表明，给予和接受反馈对于增强学习效果至关重要。你的学生有什么机会来针对促进或阻碍他们学习的因素进行反馈？这在其他有效学习原理和实践中是如何体现的？请在下表中写下你的学生如何给你反馈。表中第一条作为示例已填好。

有效学习原理和实践	学生给予反馈的方式
激发动机	我的学生没有持续参与科学实验；他们在实验结束时没有完成问题；他们没有讨论潜在的科学现象。
集中注意	
精细编码	
提取和练习	
认知负荷	
积极困境	

反馈对学习有强大的影响。为了使反馈发挥作用，我们和学生必须搞清楚：

➜ 对学习体验或任务的期望是什么？

➜ 目前（学生）的表现水平什么样？

➜ 我们和学生可以采取哪些行动来缩小差距？

首先，给予和接收反馈的目的是缩小学生目前掌握陈述性知识、程序性知识和条件性知识的水平与学生在学习过程中的下一步预期之间的差距。给予学生反馈，是为了让他们知道下一步的学习方向，而我们接收反馈，是为了决定下一步的教学方向。其次，反馈应该具体针对学生应该说什么和做什么，以证明他们已经达到了学习体验或任务的预期（即学习目标和达标要求）。这种反馈应该是量身定制的，可以帮助学生缩小他们目前掌握陈述性知识、程序性知识和条件性知识的水平与预期之间的差距。最后，这种反馈应能让我们深入了解需要在哪些方面进行刻意练习来促进学习。

下表列出了有关学习目标和达标要求的三个具体例子，明确了教师对学习成果的预期。请在表格空白处描述反馈的重点。

学习目标	达标要求	反馈的重点
数学		
了解无理数在数字系统中的作用。	我们会比较有理数和无理数的区别。我们会使用数轴和基准有理数来模拟无理数在数轴上的大致位置。	
科学		
了解物质中的能量转移。	我会描述物质如何从一种状态变为另一种状态。我会用相图来解释状态变化的过程。	
英语		
了解作者的目的和作者使用的技能之间的关系。	我会描述作者的目的和作者使用的技能之间的区别。我可以在阅读中找出例子。我可以解释这些例子的含义。	

及时反馈原理和实践在课堂上是什么样的

我们已经看了反馈的定义和选择反馈内容的准则。现在我们来看在课堂上给予和接受反馈的方式（见表 11.1）。

表 11.1　从反馈的研究中提取有效学习原理和实践，并将其应用于课堂

反馈策略可以根据……而改变	在这些方面……	例子和需要考虑的事项
时间	·何时给予反馈 ·多久给予一次反馈	·对内容即时反馈（对或错）。 ·对于更多的数学实践和科学与工程实践，稍微推迟反馈。 ·当反馈会对学生当下的学习产生影响时，千万不要推迟反馈。 ·对于所有的学习过程、任务和结果，要尽可能频繁地提供反馈。
数量	·有多少个反馈点？ ·每个反馈点要包含多少信息？	·重点关注那些与达标要求直接相关的反馈点。 ·选择那些对缩小差距至关重要的反馈点。 ·考虑学生的发展阶段（例如，幼儿园学生与高中生各有各的特点）。
方式	·口头 ·书面 ·视觉或演示	·选择提供信息的最佳方式。 ·在可能的情况下，最好是与学生对话和对其提问。 ·对书面作业给予书面反馈。 ·如果学生不知道"如何做某事"，或者如果学生需要一个范例，则由教师或学生做示范。

反馈策略可以根据……而改变	在这些方面……	例子和需要考虑的事项
受众	· 个人 · 小组或班级	· 个人反馈说："老师重视我的学习。" · 如果是大多数学生需要反馈，小组或班级反馈就会有效。如果不是，小组或班级反馈就不会有效。 · 如果学生在做题或做实验，教师在经过学生身边时评论一下就足够了吗？ · 一对一的谈话是否更有利于提供反馈？

有效的反馈有以下三个主要特点。

1. 关注学习，而不是关注个人。有效的反馈应该关注学习，而不是关注参与学习的个人。例如，"我对水循环中能量转换的讲解需要改进，而不是我这个人需要改进。我的数学题解法有错误，但我个人没有问题。我的写作不清晰，但我不是一个糟糕的作者。我对历史时间线的理解比较模糊，但我脑子并不笨。"

2. 反馈应适时，针对具体的学生和他们的学习进行个性化的反馈，并注重促进他们学习。

3. 反馈应该根据时间、数量、方式和受众等方面的不同而不同（Brookhart，2008）。

在线资源

获取更多关于反馈的内容，请访问本书配套网站：resources.corwin.com/howlearningworks。

让我们看看反馈中一些变量的具体例子，了解如何在我们的课堂上应用这些变量。我们一起看一下页表 11.2 中的方法。与你的同事一起，确定哪一种方

法更有效，并说明原因。

表 11.2　比较英语和社会研究中给予和接受反馈的两种不同方法

方法 1	方法 2	为什么？
一位小学教师阅读了学生的写作作业并发现了常见的错误。她计划在全班范围内指导学生写出犯错理由，因为班上几乎所有学生都忽略了这一点。她还为那些在写作中出现其他错误的学生定制了小组课程，对时态、主谓一致，或缺乏明确的观点进行讲解。	教师阅读学生的作业并向学生提供书面反馈。学生查看反馈意见并相应地修改他们的作业。	
一位历史教师用一个在线游戏来测试学生。他提出一个问题，学生在手机上选择自己的回答。然后教师向学生展示选择每个选项的人数，要求他们与小伙伴讨论这些数据。接下来教师邀请学生再次回答问题，再向他们展示正确的答案，并要求他们讨论错在哪里。	一位历史教师在周五进行每周一次的测验。学生会在周一收到成绩反馈。在该单元结束时，他们会进行一次累积测试（cumulative test）。	

上表中四个例子的关键区别在于是否对学生的学习做了及时反馈。方法1 中的两个例子表明，教师为学生设置的学习体验在多个点上为学生提供了给予和接收反馈的机会。这些点是根据达标要求确定的。换句话说，方法 1 中的教师在学生从一个达标要求到下一个达标要求的过程中提供了给予和接收反馈的机会。而学生可以利用在特定时间范围内有关自己表现情况的信息，来调整自己学习陈述性知识、程序性知识和条件性知识的方法。这样做可以帮助学生了解关注点，寻求精细编码，并进行刻意练习。如果没有获得及时的反馈信息，学生就无法知道下一步该往哪里走，这可能会导致他们一错再错（见下页表 11.3）。

表11.3　比较数学和科学中给予和接收反馈的两种不同方法

方法 1	方法 2	为什么？
一位教师在学生解一套有理数表达式题目时与他们进行交流。他询问单个学生和组队的学生正在研究什么。倾听学生的想法让他能决定在那一刻如何回应。教师参照他计划的问题、预期的学生策略和达标要求来做出反应。	一位教师收集了学生对有理数表达式题目的解答，标记了哪些答案是不正确的，并在一周结束时把答案返还给学生。	
一位教师标出了学生在做配平方程式题目时的错误答案，并在一周结束时将答案返还给学生。她要求学生两个人一组，找出自己错在哪里。他们要用自己的话描述将如何以不同的方式解决这个问题。	一位教师在一周结束时将一套关于配平方程式题目的答案还给学生。她告诉学生，这些问题会在期末考试中出现，他们应该在考试前复习这套题。	

有效反馈必须具体说明用哪些步骤可以缩小学生目前的水平和他们要达到的目标之间的差距。

请花时间回忆一下与有效反馈相关的三个问题，并写在下框中。如有必要，你可以回顾一下本模块的开篇部分。

> 1.
> 2.
> 3.

对比表 11.3 中的例子，方法 1 向学生提供了与陈述性知识、程序性知识和条件性知识有关的具体信息。学生可以利用方法 1 中的信息来确定他们的学习进展，以及下一步目标。这样，学生就可以了解到学习的差距。此外，方法 1 具有建设性。这种建设性使反馈能够服务于促进学习这一目标。如果我们每所学校和课堂的目标都是帮助学生在学习上获得成长、有所成就，那么建设性反馈（constructive feedback）就可以在学生的学习之旅上提供支持。成长意味着虽然并非所有学生都能达到他们需要达到的水平，但他们今天的水平将远远高于昨天的水平。建设性反馈将焦点投向学习本身，而非学生个体。

> 建设性反馈将焦点投向学习本身，而非学生个体。

如何在课堂上运用及时反馈原理和进行实践

你可以在下面空白处描述你在实践中遇到的挑战或问题。你还可以回顾表 11.1、表 11.2 和表 11.3，看看在你的课堂上给予和接收有效反馈的例子。在接下来的模块中，我们将探讨如何进行同伴间的反馈。现在，让我们把重点放在自己和学生之间给予和接收反馈上。

> 实践中的挑战或问题。

你有什么证据（例如观察、谈话、进门条、出门条、出勤数据、作业提交情况）能证明这是学生在实践中遇到的问题或挑战？

描述你想使用的有效学习原理和实践。

将有效学习原理和实践与反馈的学习科学研究联系起来。如果有必要，请参考本模块前面的信息。

请尽可能详细地描述你将如何实施这项有效学习原理和实践。同样，可参考表 11.1 中的例子。

你将如何与责任伙伴、指导教师或 PLC+ 团队合作，以确定自己实施有效学习原理和实践是否有效？有什么证据能让你和同事确信该原理和实践无效？

检查理解与否

回到本模块的达标要求。参照你在前几个模块中的做法，回答时，请提供实例，以证明你知道。

我知道	我展示（回答问题，以示证明）
我能描述有效反馈的特点和组成部分吗？	
我能解释课堂上有效反馈的互惠性吗？	
我能设计具体的方法，促进给予和接收反馈，并评估其带来的影响吗？	

接下来做什么

在以上七个模块中，我们探讨了七个有效学习原理，并将它们转化为课堂上可能发挥作用的有效学习实践。每个模块都考虑到了如何调整这些实践，以便你将其应用到不同的课堂。此外，我们和学生收集到的有效学习原理影响学习的证据，促进了有效学习实践的成功实施。从下一个模块开始，我们将开始探索学生在超越具体学习体验或在课堂外学习时，我们如何培养他们的能力和提高学习效能感。我们希望学生能够自主学习，并知道离开教师后该如何促进自己的学习。回顾本书前言第 7 — 8 页，教师可以通过明确的学习策略教学，培养学生的能力，提高其效能感，并在以下方面帮助学生。

请回顾自我调节型学生的四个特征。

1.

2.

3.

4.

让我们开始吧！

第三部分

本部分内容包括：

模块 12

直接策略教学

学习目标

了解支持学生学习的具体策略。

达标要求

完成本模块的学习后，我能够：

- 明确支持学生学习的有效学习技能。
- 解释在直接策略教学中逐步从扶到放的作用。
- 评估我的学生是否准备好接受直接策略教学。

当我们的学生不知道做什么且我们不在他们的身边时，他们知道怎么办吗？接下来的几个模块将围绕这个问题展开。在不断增长的有关教与学的研究中，我们认为最令人兴奋的发现之一是"当学生成为自己的教师时，他们表现出对学生来说最为理想的自我调节属性——自我监控、自我评价、自我评估、自我教学"（Hattie，2012，p.14）。为了让我们的学生成为自己的教师，我们必须培养他们的评估能力（Frey et al.，2018）。

> 为了让我们的学生成为自己的教师，我们必须培养他们的评估能力。

具有评估能力的学生有以下几个特征。

1. **知道自己目前的理解水平**。他们能意识到自己已经知道什么、理解什么、能做什么以及什么将成为他们学习的挑战。

2. **知道自己学习的下一步方向，并准备迎接挑战。**他们清楚学习目标、达标要求以及对学习任务或学习体验的期望。面对挑战时，他们也能拥有自我效能感。

3. **选择正确的工具帮助自己进一步学习。**他们了解有效学习策略，知道什么时候运用这些策略。他们也知道当自己陷入困境时该怎么办。

4. **寻求反馈并认识到错误是学习的机会。**他们要求教师和同伴提供反馈，并将反馈整合到自己的学习之中。

5. **监控自己的学习进度，必要时进行调整。**他们利用学习目标、达标要求、对学习任务或学习体验的期望以及反馈来决定自己下一步学习的方向。

6. **认可自己的学习并支持同伴取得学习进步。**他们向同伴学习，也会在同伴需要进一步学习时教他们。

请花点时间反思这六个特征。你的学生在发展评估能力的过程中处于什么位置呢？请填写在下表的空白处。

	这在我的教室里意味着什么	学生的现状
1. 知道自己目前的理解水平。		
2. 知道自己学习的下一步方向，并准备迎接挑战。		
3. 选择正确的工具帮助自己进一步学习。		
4. 寻求反馈并认识到错误是学习的机会。		
5. 监控自己的学习进度，必要时进行调整。		
6. 认可自己的学习并支持同伴取得学习进步。		

以上每一个特征都是帮助学生培养自我调节能力的关键。本书后续模块将以这些特征作为重点。请将第三个特征圈出、标亮或者画线。前面几个模块剖析的有效学习原理和实践不应该只是由教师来做，我们应该直接教学生如何在自己的学习中使用有效学习技能。需要再次强调的是，我们希望学生在不知道要做什么而我们又不在身边的时候，知道该怎么办。

> 我们应该直接教学生如何在自己的学习中使用有效学习技能。

让我们花点时间，回顾一下本书第 24 页内容。你是否记得，我们要求你使用空白饼状图来表达你认为的教师和学生分别承担学习责任的百分比。在图 12.1 中我们可以看到：90% 的责任由教师承担，10% 的责任由学生承担。

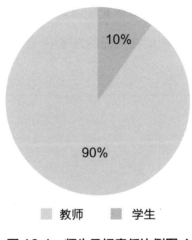

图 12.1　师生承担责任比例图 4

让我们根据自己在 12 个模块中的学习情况重新思考这个问题。你现在如何分配学习的责任？请依据你当前的想法给下一页图 12.2 的空白饼状图涂上颜色。

图 12.2　师生承担责任比例图 5

你现在的回答与模块 1 中的回答相比，是否有改变？如果是，为什么？如果不是，又为什么？请花点时间在下面的方框中写下你的想法。

从扶到放

诚然，责任的划分并不完全在教师，而应随着学生不断提高自我监控、自我评价、自我评估以及自我教学方面的熟练程度而有所改变。在学习过程的早期，学生可能需要更多的支持和帮助。在学习陈述性知识、程序性知识和条件性知识，以及在选择正确的工具以推进学习的过程中，都是如此。

让我们翻回模块 3 第 38—39 页的表 3.1。学习的一个重要障碍是使用无效的学习策略。请花点时间思考在你的课堂上是否存在这种情形，以及你是如何应对的，然后将你的思考写在下面的空白处。

无效的学习策略	用你自己的话总结这个障碍——举一些你自己课堂上的例子	跨越这一障碍的可行做法

为了避免采用无效的学习策略，我们必须直接教学生如何在学习中使用有效的学习技能。然而，这不仅仅需要学生在课堂上实践有效学习原理，还需要他们有练习的机会，并对练习的效果进行反思，以便最终独立使用。这最好通过从扶到放来实现（见图 12.3）。

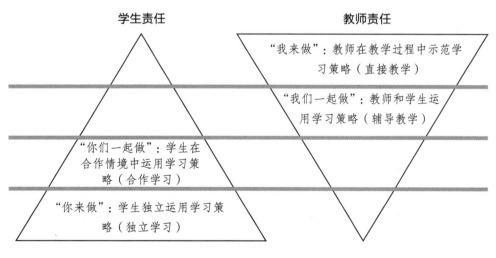

图 12.3　策略教学从扶到放

来源：改编自费希尔和弗雷（Fisher and Frey，2013）。

当你查看图 12.3 时，我们希望你将以下三个关键成分添加到此模型中。

练习

反馈

责任的转移

请将这三个关键成分放在图 12.3 中你认为合适的位置。请记住，你可以
选择多个位置。练习和反馈能够推动从扶到放的进程，也可以让一个阶段顺
利过渡到下一个阶段。换句话说，练习和反馈填补了"我来做""我们一起
做""你们一起做"和"你来做"之间的空白。只有这样，我们才能体验到从
"我们一起做"到"你们一起做"之间的责任转移。直接策略教学的方法将贯
穿接下来的几个模块。但在此之前，我们必须列出有哪些有效学习策略或技
能。根据我们的学习方式，我们应该在课堂上直接教授哪些学习策略或技能？

有效学习的实践

如果需要，我们可以创建一个强大的学习策略列表。然而，列表上的每一
种策略的有效性都会有所不同。学习科学提供了有效学习原理和实践，使我们
能够从最有效的角度看待学习策略。请思考以下列表中的学习策略，指出每种
策略对你来说是有效的、无效的，还是不确定的（例如，不知道该策略是什么
或对学生有什么作用）。

精细询问	有效	无效	不确定
自我解释	有效	无效	不确定
总结归纳	有效	无效	不确定
突出显示	有效	无效	不确定
助记法	有效	无效	不确定
确立目标	有效	无效	不确定
意象法	有效	无效	不确定
整合旧知	有效	无效	不确定
重复阅读	有效	无效	不确定
练习测试	有效	无效	不确定
间隔练习	有效	无效	不确定
概念地图	有效	无效	不确定
自我教学	有效	无效	不确定
自我表演	有效	无效	不确定

在线资源

获取更多关于生成学习策略的资源，请访问本书配套网站：resources.corwin.com/howlearningworks。

我们将在接下来的几个模块中公布答案。现在，请标记此页面，以便我们在分析这些策略时你能回到本页。需要强调的是，关于我们如何学习的研究为课堂实践和支持学生在学习中进行自我调节的策略提供了重要的见解。我们现在的重点是，通过从扶到放的过程，将前面模块中学习的有效学习原理及策略直接教给学生。

在我们结束本模块的学习并开始研究个人学习策略或技能之前，我们希望回到之前的概念，并将该概念与有效学习实践及其直接教学联系起来。

认知负荷与激发学习和阻碍学习息息相关。请花点时间在下图中填写缺少的术语。如果你发现自己"卡住了"，请返回模块 9 进行快速复习。

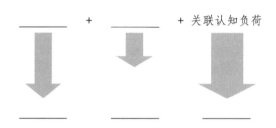

请使用以下方框，描述关联认知负荷。

促进学习的有效学习策略和技能最大限度地提高了关联认知负荷。同时，这些策略必须支持学生调节内部认知负荷和最小化外部认知负荷。如果关联认知负荷源于学生积极处理陈述性知识、程序性知识和条件性知识，那么学习策略必须促进和维持这种状态。它是主动的，而不是被动的；是生成的，而不是重复的。菲奥雷拉和梅耶（Fiorella & Mayer，2015）声称：

生成学习涉及学生在学习过程中进行适当的认知加工，包括选择相关的输入材料，将材料组织成工作记忆中连贯的认知结构，并将其与长期记忆中激活的相关已有知识结合。当学生对呈现给他们的学习内容进行解读而不是简单地接受时，他们就在积极产出自己的学习成果，这样一来，学习就是一种生成活动。（p. viii）

在线资源

获取更多关于生成活动的资源，请访问本书配套网站：resources.corwin.com/howlearning works。

在我们结束本模块并准备更深入地了解与集中注意和激发动机相关的学习策略和技能前，请使用结尾的任务来连接几个概念和想法。请在关联认知负荷、生成学习和维特洛克的生成过程之间建立联系（见模块 7）

用你自己的话总结每个概念（使用具体的例子来佐证你的描述）

关联认知负荷	生成学习	维特洛克的生成过程

这三个概念有何相似之处

这三个概念有何不同之处

关于如何学习的信息不仅仅服务于我们教师自己。源于集中注意、激发动机、精细编码、提取和练习、认知负荷、积极困境和及时反馈有效学习实践，

能够而且应该直接教给学生，以便他们能将其应用于自己在课堂以外的学习。这些是支持学生培养自我调节能力的工具。让我们从支持学生自我调节注意力和动机开始。

检查理解与否

回到模块的达标要求。参照你在前几个模块中的做法，回答时，请提供实例，以证明你知道。但是，要尝试一些不同的方法。请附上学生作品样本、评价或反馈，以佐证你的回答。

我知道	我展示（回答问题，以示证明）
我能明确支持学生学习的有效学习技能吗？	
我能解释在直接策略教学过程中逐步从扶到放的作用吗？	
我能评估我的学生是否准备好接受直接策略教学吗？	

顺便说一句，你是否注意到我们是如何在本书中对每个原理和实践进行示范的？这些都是经过设计的，后续我们再详细介绍这一点。

模块 13

学习策略 1：
确立目标

学习目标	达标要求
了解确立目标及其如何支持学生学习。	完成本模块的学习后，我能够： • 描述确立目标的好处。 • 解释确立目标如何和其他有效学习原理一起激发动机。 • 设计在课堂上实施确立目标的流程。

激励学生主动参与学习，掌控自己的进度，然后将所学知识应用到课堂之外，是学习科学的重要内容。本书中的每一个有效学习原理和实践都隐含着一个假设：学生有学习的动机。这一假设值得被重新审视。大多数教育研究，特别是学习科学研究，都假设学生是有动机的。但我们知道情况并非总是如此，因此我们会花时间激励学生参与和掌控学习并应用所学。

在线资源 🖰

获取更多关于激发动机的资源，请访问本书配套网站：resources.corwin.com/howlearningworks。

请花点时间找出有助于提升学生动机的因素。在下页空白处记录你的想法。如果你需要其他支持，请翻看你在模块 5 中的记录。

你在上面列出的往往是你可以控制并可以运用于课堂的因素。

本书的这一部分侧重于通过直接策略教学，使学生能够展示出自身最理想的自我调节能力：自我监控、自我评价、自我评估和自我教学。换句话说，我们如何将落在教师身上的激发动机的责任转移到学生身上？一种方法是直接教学生设定学习目标，制订实现这一目标的计划，并监控他们在实现目标方面的进展。

这一模块的学习策略是确立目标。

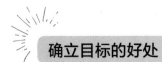

确立目标的好处

为了从他人激励转向自我激励，学生必须：

1. 挖掘自己的兴趣和热情。

2. 相信自己的努力在短期和长期都会得到回报。

3. 将自己的努力与具体学习结果联系起来。

4. 专注于培养能力，熟练地掌握知识和更深入地理解知识。

5. 和那些通过自己的努力取得成功的人在一起（Desender et al.，2016）。

在线资源 🔍

获取更多关于激发动机的资源，请访问本书配套网站：resources.corwin.com/howlearningworks。

因此，确立目标必须关注学生的具体需求，以及学生的兴趣和热情。例如，有些目标可能针对的是特定的陈述性知识、程序性知识和条件性知识。这些目标都是学生在学习中需要推进的（例如，在艺术创作中使用多种色彩，在科学论证中添加更多细节，在人文地理的学习中发现社会、文化、政治和经济特征之间

> 确立目标必须关注学生的具体需求，以及学生的兴趣和热情。

的更多联系，或为即将到来的数学测试制定学习时间表），而另一些目标可能会将学生的兴趣和热情融入学习（例如，在"文本特征"这一单元中出于对海豚的喜爱而选择分析非小说文本）。

确立目标还应为教师和同伴提供反馈的机会，以便学生反思、监控和评估他们在实现目标方面的进展。虽然确立目标是激励学生的主要因素，但该策略也将支持其他原理和实践的应用。教师可以使用以下表格描述你认为确立目标如何有利于激发动机、集中注意、精细编码、提取和练习、认知负荷、积极困境和及时反馈。如有必要，你可以查阅以前的模块。表格中"及时反馈"一行已经填好，可作为示范样例。

确立目标

激发动机	
集中注意	
精细编码	
提取和练习	
认知负荷	
积极困境	
及时反馈	有效反馈为学生回答了三个问题（参见模块 11）：我们现在要做什么？我们怎么做？我们接下来要做什么？学生的目标明确了这三个问题的答案，供教师和同伴提供反馈。学生的目标、行动计划和自我监控能让学生自己回答这三个问题。

确立目标的准备

什么是一个好的目标？我们都有过为自己确定目标的经历，但这些目标可能没有起到激励作用，甚至没有促使我们履行义务。我们也确定过能够引导自己专注于结果的目标，不是出于义务，而是出于喜悦和兴奋。这两者有什么区别呢？这样说吧，有些目标是目标，有些则不是。以下我们会作出解释。

在线资源 ↱

获取更多关于 SMART 目标的原始文献，以及关于激发动机及其原因的资源，请访问本书配套网站：resources.corwin.com/howlearningworks。

乔治·多兰（George Doran）于 1981 年提出了 SMART 目标的概念（SMART 是几个词的首字母缩写，详见下一页表 13.1）。如果你和我们一样，你也会惊讶于这个并非源于教育的概念居然被如此广泛地应用于学校和课堂。对于乔治·多兰来说，SMART 目标只是他开发的一个支持公司成长和发展的概念。正如多兰指出的，目标"使一个组织能够专注于问题，并赋予公司方向感……"。

而这正是我们希望学生做的：（1）专注于学习；（2）为要学什么以及如何学习提供方向感。这是目标的两个重要方面。学生必须知道他们的目标是什么，以及为什么这个特定的目标对自己和学习来说是很重要的或有价值的。

你可能注意到有人在 SMART 后又增加了两个字母——E 和 R。多兰最初构思 SMART 目标之后，评估（即 E，Evaluate）和重新评估（即 R，Re-Evaluate）被添加到确立目标的过程中（见表 13.1 和表 13.2）。请在下一页的空白处写一写你觉得为什么新添加的内容在确立目标过程中既必要又重要。

表 13.1　SMART 目标和示例

		示例
S：具体 （Specific）	具体的陈述性、程序性和条件性学习结果是什么？为了让学生专注于"学什么"和"为什么学"，目标必须指向需要改进的具体领域。	小学数学：我想用重组来解决两位数的减法问题。 高中社会研究：我想找出黑人人权运动和民权运动之间的相似之处。
M：可测量 （Measurable）	目标必须是可测量的，以便学生能够确定自己在朝着目标前进的过程中所处的具体位置。	小学数学：当我能够解释我的解决方案、评估解决方案的合理性，并在出错时修改我的解决方案时，我就知道自己已经达到了目标。 高中社会研究：通过写一篇关于这两个时期的比较文章，我知道自己已经达到了目标。
A：艰巨但可实现 （Attainable and Ambitious）	目标必须具有挑战性，又必须是可实现的。实现目标的过程应利用积极困境原理（见模块 10）	小学数学：我每周会参加两次数学中心的活动，并持续三个星期。 高中社会研究：我把咨询指导的时间用于这个项目。我还将在每周开始和结束时与学校媒体专业人员见面，以确保我拥有必要的资源。

		示例
R：合理 （Reason）	如上所述，目标必须与具体的需求或兴趣密切相关	小学数学：我想在减法应用题方面做得更好，因为在上周的数学课上我有很多关于减法应用题的疑问。 高中社会研究：我想更多地了解我所在的城市在多样性、公平性和包容性方面的相关问题。
T：及时 （Timely）	必须有时间范围，且可在时间范围内对目标进行反思、优化和调整。	小学数学：我将在本学期末达到目标。 高中社会研究：我将在本单元第三周结束时达到目标。
E：评估 （Evaluate）	目标必须促进监督、反思和评估。在评估目标进展情况时，必须设定检查点。	小学数学：我将每周与教师讨论一次，并与他分享我的情况。 高中社会研究：我将每周与教师碰两次面，以获取有关研究和写作的反馈。有一个同学已经同意读我的文章。
R：重新评估 （Re-Evaluate）	评估必须是连续的。在此过程中，必须对目标进行重新评估，以便学生能够在此过程中做出调整。	小学数学：我会在每次与教师讨论后决定下一步要尝试解决什么问题。 高中社会研究：我会根据教师和同学的反馈进行编辑和修改。

表 13.2　SMARTER 目标设定模板

姓名：_____　　　　　　　　　日期：_____

	描述	教师反馈
S：具体		
M：可测量		

	描述	教师反馈
A：艰巨但可实现		
R：合理		
T：及时		
E：评估		
R：重新评估		

来源：改编自费希尔等人（Fisher et al., 2019）。

确立目标的过程

　　既然我们已经了解了确立目标的好处，并分析了什么是一个好的目标，那么让我们设计一个确立目标的过程，直接教授学生这一学习策略（见图 13.1）。

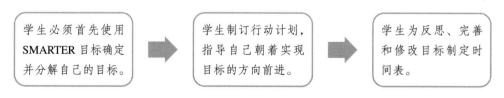

学生必须首先使用 SMARTER 目标确定并分解自己的目标。 ➡ 学生制订行动计划，指导自己朝着实现目标的方向前进。 ➡ 学生为反思、完善和修改目标制定时间表。

图 13.1　确立目标的过程

　　本书第 152—153 页的模板为确立目标过程的第一部分提供了格式。当我们逐渐将确立目标的责任转移给学生时，可以使用此模板。例如，我们可以从设定一个班级的 SMARTER 目标开始，直接教授这部分内容。在此基础上，该模板也可用于多人协作和个人 SMARTER 目标的设定（见图 13.2）。

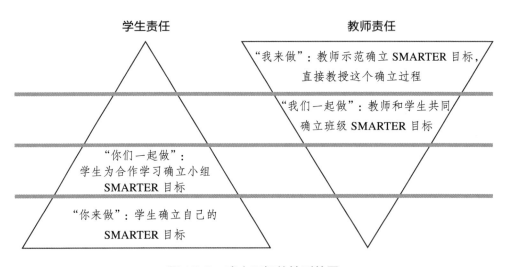

图 13.2　确立目标从扶到放图

来源：改编自费希尔和弗雷（Fisher & Frey, 2013）。

请花点时间，规划出你将如何直接教授学生确立目标。请确保不仅规划从扶到放的步骤，还规划从扶到放的时间线、实践机会和反馈。从你希望学生独立确立的 SMARTER 目标开始，然后逆向规划。请使用以下方框完成此任务。

确立目标过程的第二部分是制订行动计划。这包括但不限于概述计划、确定必要的资源，以及明确监控和评估进展的具体方式。

概述计划	开发行动计划应将目标分解为小的、可测量的部分，帮助学生相信自己的努力在短期和长期都会获得回报，并将这种努力与具体成果联系起来。
资源清单	学生应首先列出在实现目标的过程中自己认为需要哪些资源。然而，在实现目标的过程中要经常做出调整。
监控进展	学生应说明在实现目标的过程中如何以及何时监控进展。学生应与教师合作，明确勾画表中的监控内容，具体要做什么，以及谁将支持他们。
评估效果	阐释学生将如何评估他们的行动效果，以及后续努力的方向。

实施行动计划时你可以使用交互式文档，也可以将行动计划保存在学生的档案袋、交互式笔记或教室里的个人文件夹中。学生需要经常查看和修订该计划。就像确立 SMARTER 目标一样，行动计划模板（见表 13.3）中的内容也要逐步实施。

表 13.3　行动计划模板

姓名：_____　　　　　　日期：_____

概述计划	达到目标的具体步骤是什么？
资源清单	我需要什么资源来支持我的学习以及实现目标？
监控进展	我将如何监控我的进展？谁将为监控提供支持？
评估效果	何时以及如何评估我的学习？我接下来的学习步骤是什么？

来源：改编自费希尔等人（Fisher et al., 2019）。

请花点时间，规划出你将如何直接教学生制订行动计划。同样，从你希望让学生独立制订行动计划开始，然后逆向规划。你可以使用下图完成此任务。

请确保有练习、反馈和从扶到放的时间。

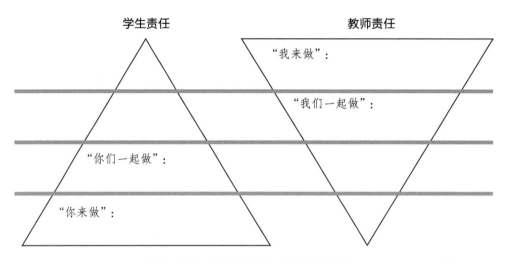

图 13.3　制订行动计划从扶到放图

来源：改编自费希尔和弗雷（Fisher & Frey，2013）。

确立目标过程的最后一部分是不断修改、完善和重新审视目标。回到本模块第 149 页的表格，确立目标还有利于其他有效学习原理和实践，包括精细编码、提取和练习、认知负荷、积极困境和及时反馈等。这正是我们为什么在本书中首先介绍确立目标这一学习策略的原因。请翻回模块 12 的第 143 页，确保在确立目标一行将"有效"画圈、画下划线或标亮。

与制订行动计划类似，本部分也可以使用交互式文档，或将其保存在学生的档案袋、交互式笔记本或教室里的个人文件夹中。这也意味着学生可以经常访问和调整。

检查理解与否

回到本模块的达标要求。参照你在前几个模块中的做法，回答时，请提供实例，以证明你知道。请附上学生作品样本、评价或反馈，以佐证你的回答。

我知道	我展示（回答问题，以示证明）
我能描述确立目标的好处吗？	
我能解释确立目标是如何和其他有效学习原理一起支持激发动机的吗？	
我能设计在课堂上实施确立目标的流程吗？	

模块 14

学习策略 2：
整合旧知

学习目标	达标要求
了解旧知在新的学习中的作用。	完成本模块的学习后，我能够： • 描述学生激活旧知的好处。 • 解释激活旧知如何促进选择性注意力以及其他有效学习原理。 • 设计一个让学生在课堂上激活旧知的流程。

让我们从一个思维实验开始本模块。想象一下，如果有人带着一个可重复使用的购物袋来到你家门口，里面装着以下物品：

1. 一打鸡蛋

2. 七个衣架

3. 一袋覆盖物

4. 你最喜欢的最新版杂志

5. 一块肥皂

如果你别无选择，只能接受并保留这些物品，你会怎么处理？请具体说明。

请参看美国高中世界历史学习标准（Virginia Department of Education，2016）中的下列内容：

1. 意大利是中世纪晚期欧洲商业最发达、城市化程度最高、识字率最高的地区。
2. 古罗马的遗迹在意大利最为常见。
3. 意大利的财富、识字率和它对古罗马历史的自豪感为其文艺复兴奠定了基础。
4. 欧洲与中东贸易积累的财富促进了意大利城邦的崛起。富商是活跃的公民领袖。
5. 马基雅维利观察了当时的城邦统治者，并制定了通过绝对统治获取和维持权力的准则。

如果你被告知必须记住所有这些内容，你会如何应对？

在下方空白处写下你对这一思维实验的反思。这个实验的意义是什么？这个思维实验的大概念或信息是什么？

在上面的方框中，对于如何处理第 158 页罗列的物品，我们猜测你已经做出了一些参考或评论，但不确定如何处理第 159 页罗列的内容。具体来说，你知道放置鸡蛋（冰箱中）、衣架（壁橱里）、覆盖物（室外任何地方）、杂志（桌子上）和肥皂（水槽附近）的具体位置。在你的脑海中，你可能想到了一些相对容易地获取、巩固和存储这些信息的具体位置。那么，第 159 页的内容该如何处理呢？

对我们中的许多人来说，这些内容不清晰且信息量过大，而且产生的问题多于解决方案。除非你是一名社会研究学科的教师，否则获取、巩固和存储这五条信息会是非常困难的。为什么会这样呢？因为我们的已有知识会促进新知识的获取、巩固和储存。

在下面的方框中，解释整合旧知如何促进学习。本章开头的思维实验应该能帮助你做出解释。

我们必须直接教学生将旧知整合到新的陈述性知识、程序性知识和条件性知识中。

本模块的学习策略是将旧知整合到新的学习中。

160

整合旧知的好处

将旧知整合到新的学习中，有助于学生在学习体验或学习任务中关注最相关的内容、技能和理解。

这包括他们已知的事情、未知的事情，以及在新的学习中不太确定的事情。当学生自我监控、自我反思和自我评估自己已经知道的内容与现在正在学习的内容之间的关系时，他们会更好地辨别哪些是相关的，哪些是不相关的，然后保持关注，直到完成特定的目标或结果。

请返回模块 6。我们关注了影响注意力的三个具体因素。请在此处列出：

1.
2.
3.

在线资源 ⌕

获取更多关于整合旧知的资源，请访问本书配套网站：resources.corwin.com/howlearning works。

将旧知整合到新的学习中有助于学生理解新学习的意义，同时也有助于巩固先前的学习。请确保你已经在模块 12 中该策略处圈出的是"有效的"。整合旧知可以促进学生的选择性注意力，也将有助于其他原理和实践的应用。

使用表 14.1 描述你认为整合旧知如何有利于激发动机、集中注意、精细编码、提取和练习、认知负荷、积极困境和及时反馈。你可能需要回顾以前的模块。表格中"提取和练习"一行已经填好，可作为示范样例。

表 14.1　将旧知整合到新的学习中

激发动机	
集中注意	
精细编码	
提取和练习	提取和练习是对已有内容、技能和理解的重建。当学生有目的地、有意识地将旧知整合到新学习中时，他们就参与了对旧知的提取和练习。因此，这一行动对已有学习和新学习来说都是有益的。
认知负荷	
积极困境	
及时反馈	

在线资源 🔍

获取更多关于整合旧知是如何发挥作用的资源，请访问本书配套网站：resources.corwin.com/howlearningworks。

整合旧知的准备

让我们再做一个实验。请阅读下面这段话：

　　这个过程其实很简单。首先，你根据不同的材质把东西分类。当然，分为一堆也可以，这取决于总数有多少。如果因为设备不够用而不得不去其他地方，那就要另做打算了，否则就一切准备就绪了。重要的是不要一次放太多。也就是说，少放一些总比多放一些要好。从短期来看，这似乎并不重要，但放得太多很容易引起麻烦。有时候一个错误可能代价高昂。能熟练操作是起码的要求，在此不再赘述。一开始，整个过程似乎很复杂。然而，很快它将成为生活的一部分。我们很难预见在不久的将来，这项任务的必要性是否会消失，不过谁也说不准（Seidenberg & Farry-Thorn，2020）。

将上面这一段话中你认为最重要的信息圈出。与本模块开头的示例非常相似，识别重要信息的任务非常困难，可能会导致你仅仅为了完成任务而选择。但是如果我告诉你这篇文章是关于用洗衣机洗衣服的呢？现在，如果知道这段话是关于洗衣服的，那么你回过头来再看一遍，对最重要的信息的标注会有所不同吗？

在线资源

获取更多有关"棒球研究"和清晰性的资源，请访问配套网站：resources.corwin.com/howlearningworks。

学习的背景强烈地影响着我们关注内容的方式。对学习内容是关于什么、为了什么以及怎么样的了解，构成了学习的背景。通过学习目标、达标要求、相关任务和学习体验，学生得以了解学习背景。确保学生了解学习背景可以使教师更清晰地教学，它是准备整合旧知的第一步。

> 确保学生了解学习背景是准备整合旧知的第一步。

使用下面的方框描述你如何确保学生了解其学习背景。你使用了哪些具体策略来交流或分享学习的内容、原因和方式？

然而，这只是一个开始。教师简单地在黑板上写下一个目标并不能保证学生会关注该目标或整合已有学习。教师必须在课堂上直接教授、练习和支持这一策略。

整合旧知的过程

让我们来看向学生直接教授这一学习策略的过程（见图 14.1）。

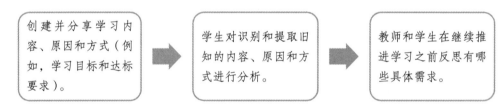

创建并分享学习内容、原因和方式（例如，学习目标和达标要求）。 → 学生对识别和提取旧知的内容、原因和方式进行分析。 → 教师和学生在继续推进学习之前反思有哪些具体需求。

图 14.1　整合旧知的过程

为了推进这个过程，我们可以从一个具体的例子开始。回到本模块开头的美国高中世界历史示例，我们从该课堂的一组学习目标和达标要求开始（见下页表 14.2）。

在线资源 🔍

获取更多有关记忆力的资源，请访问本书配套网站：resources.corwin.com/howlearningworks。

表 14.2 美国高中世界历史课的学习目标和达标要求示例

	主题：欧洲的文艺复兴
学习目标	今天，我们要了解十字军东征对意大利经济发展的影响，以便大家能够理解这些发展如何孕育了文艺复兴的萌芽。
达标要求	我们知道自己达成了学习目标，因为我们能够： • 描述十字军东征的具体经济影响。 • 解释意大利北部的教会统治与银行业务之间的关系。 • 推断为什么文艺复兴未能在欧洲其他地方兴起，并支持这些推断。

直接教授这个学习策略的第一步是创建和分享学习内容、学习原因和学习方式。然而，光靠这一点是不够的。我们必须搭建支架帮助学生积极了解学习内容、学习原因以及学习方式，然后逐渐移除这个支架，以便他们在自己的学习中能够自我调节。

下面的模板提供了引导学生进行一天学习的方法及示例。

表 14.3 学习目标和达标要求的自我评估

你已经掌握了哪些与今天的学习相关的内容、技能和理解？

概念	这个概念我很熟悉	我之前听说过这个概念	这对我来说是一个新概念
1. 举例：意大利北部的教会统治			√
2.			
3.			
4.			
5.			
6.			

技能	这一技能 我很熟悉	我之前学过 这一技能	这对我来说 是一个新技能
1.举例：做出推断	√		
2.			
3.			

理解	我很清楚 这一理解	我意识到了 这一理解	这对我来说 是一种新理解
1.举例：十字军东 征的经济影响促 进了文艺复兴			√
2.			

在线资源 ☿

获取更多关于预先提问的资源，请访问本书配套网站：resources.corwin.com/howlearning works。

除了让学生确定熟悉程度或与内容、技能和理解相关的旧知外，还要为他们提供机会，让他们清楚地说出与新学习相关的不确定、不清楚或不知道的内容，这是很重要的。这也为我们提供了重要的数据，让我们明白应该将学习重点放在该主题的哪些方面。例如，如果学生表示他们事先不了解十字军东征的经济影响，那么我们必须确保他们有足够的经验和时间来精细编码、参与提取和练习、利用积极困境，并接收关于这一内容的及时反馈。此外，我们还必须监控学生的认知负荷。请看下面的模板，学生可以利用它来提出有关当天学习的问题。

表 14.4　自我评估反思

在今天的学习目标和达标要求中，你认为哪些具体的单词或短语还不清楚？
根据上面的回答，列出你今天学习的问题清单。
列出你认为要在今天的学习中取得成功需要完成的具体任务。

花一些时间，规划出你将如何直接教授学生将旧知整合到新的学习中，并在他们缺乏旧知或经验时发展自我评估的能力。使用从扶到放的一个好处是你可以确定学生何时可以独立使用此策略。你希望学生何时能够监控自己的旧知，反思自己知道什么和不知道什么，以及评估自己当前的理解？

图 14.2 为你提供了一个规划从扶到放的机会，并帮助学生规划如何以及何时练习使用这个策略并获取有关反馈。

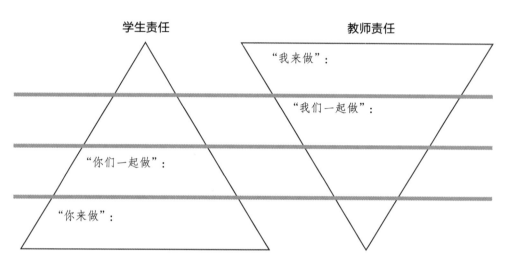

图 14.2　整合旧知从扶到放图

来源：改编自费希尔和弗雷（Fisher & Frey，2013）。

 **补充材料：批注阅读**

　　并非所有学习都是从学习目标和达标要求开始的。例如，进行基于项目式学习的实践、表现性任务或探究式学习时，教师会给予学生一系列说明、指导或辅助材料。那么，我们如何培养学生将旧知整合到这些任务中的能力，从而让他们关注最相关的内容、技能和理解呢？那就是教授学生其他有助于培养自我监控、自我评价、自我评估和自我教学等自我调节能力的策略。现在让我们来看其中一个：批注阅读。

什么是批注阅读

　　批注阅读（annotated reading）是一种积极的阅读策略。学生可以在他们认为重要的文本处，或觉得不清晰、有问题的地方，你和学生可以共同创建批注。下面有一些示例。

1. 圈出你认为对学习任务或学习体验很重要的关键词。
2. 在那些你认为是完成学习任务或学习体验必需的主要观点下面划线。
3. 在任何令人困惑或不清楚的地方画一个问号。然后向教师或同伴提问。
4. 在帮助你联想到其他内容的信息旁边画一个感叹号。在页边空白处写上"其他"。

请你在下图中规划批注阅读如何能做到从扶到放，学生如何以及何时练习使用该策略并获取反馈。

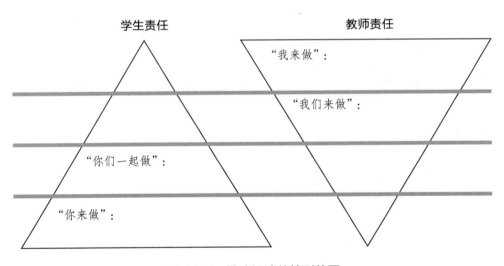

图 14.3　批注阅读从扶到放图

来源：改编自费希尔和弗雷（Fisher & Frey，2013）。

研究显示，将旧知整合到新学习中对学习有较大促进作用。此外，由学生开发的一套策略工具包，还可以支持他们培养对特定主题进行自我监控、自我反思和自我评估的能力。这最终增加了他们在学习过程中关注最相关信息的可能性。换句话说，他们不会因为穿白衬衫的人互相传了几次球而分心。他们不会忽略穿过房间的大猩猩。

整合旧知策略的直接教学确保了"设计促进高质量学习"，而非碰运气。

在线资源 ↖

获取有关注意力和觉察力的视频，请访问本书配套网站：resources.corwin.com/howlearning works。

检查理解与否

回到本模块的达标要求。参照你在前几个模块中的做法，回答时，请提供实例，以证明你知道。请附上学生作品样本、评价或反馈，以佐证你的回答。

我知道	我展示（回答问题，以示证明）
我能描述学生激活旧知的好处吗？	
我能解释激活旧知如何促进选择性注意以及其他有效学习原理吗？	
我能设计一个让学生在课堂上激活旧知的流程吗？	

有了激发动机和集中注意的策略，接下来我们转向对最相关信息的编码：总结归纳。

模块 15

学习策略 3：
总结归纳

<table>
<tr><td>

学习目标

了解总结归纳策略以及这种策略是如何促进编码的。

</td><td>

达标要求

完成本模块的学习后，我能够：

• 描述学生进行总结归纳时的情况。

• 解释总结归纳策略如何与其他有效学习原理一起促进编码。

• 设计将总结归纳策略应用于自己课堂的流程。

</td></tr>
</table>

在我们开始继续阅读本书之前，请花些时间回顾先前 14 个模块中的学习体验、学习任务以及学习过程。随后，请在下面的方框中总结你所学到的。

总结归纳要求学生能够获取信息，识别其中最重要且最相关的内容、技能或者理解，然后确定不同想法是如何相互关联的。在上面的练习中我们要求你总结前述 14 个模块。你是否真正获取了大量信息，提取了其中你认为最重要的，并且将这些信息整合为一篇总结？又或许你只是制作了一张清单。这重要吗？

事实证明，有关总结归纳的研究已经解决了这个问题，并将帮助我们定义这种特殊的学习策略。了解什么是总结归纳，什么不是，这将有助于我们直接教给学生一种促进学习的方法。

下图这条线段代表的是有效性水平从低到高。

有效性水平最低   有效性水平最高

以一个人阅读一篇 2000 字的非虚构文本为例，请根据你认为的知识获取、巩固和储存的有效性水平，将代表以下任务的数字放到线段上方的合适位置。

1. 在每一页后写三行文字，总结这页的主要观点。
2. 阅读每页时，记下最多三行笔记。
3. 逐字逐句地抄写每一页中你认为最重要的三行。
4. 将文本中所有大写单词抄写下来。
5. 什么都不做，只阅读这 2000 字的非虚构文本。

布雷茨和库哈维（Bretzing & Kulhavy，1979）开展了这项研究，发现大写单词任务的有效性水平最低，而总结主要观点和记笔记的有效性水平最高。因此，你的记录有效性水平的线段应该是这样的：

```
                                    5              2
有效性水平最低      4                3              1      有效性水平最高
```

回到本模块开头完成的总结，在该练习中你实际做了上述五个做法中的哪一个？基于此，你认为如何进行归纳总结才最有效？

在线资源 ↖

获取更多有关总结归纳的条件和做笔记的资源，请访问本书配套网站：resources.corwin.com/howlearningworks。

本模块的学习策略是总结归纳。

学习目标	达标要求
了解总结归纳是如何影响学生学习的。	成功完成本模块的学习后，我能够： • 描述总结归纳的基本特征。 • 解释总结归纳策略如何促进编码及其他有效学习原理。 • 将从扶到放应用于向学生直接教授总结归纳策略。

布雷茨和库哈维（1979）的研究并不是有关总结归纳的唯一研究。有相当多针对这一具体学习策略的研究。菲奥雷拉和梅耶报告了 30 项实验研究，约翰·哈蒂（John Hattie）进行了由 384 项不同研究组成的 3 项元分析研究。这

些研究为总结归纳提供了一个明确的定义，并指出能够使学生在对陈述性、程序性和条件性知识进行编码时获益最多的基本特征。请注意"编码"这个词。总结归纳有助于对学习进行编码、提取和练习。现在，让我们关注编码。请花点时间回顾模块 7 的内容。在该模块中，我们研究了精细编码的三个组成部分。你可以在下框中列出这三个组成部分：

1.
2.
3.

总结归纳强化了意义理解，并为模式的发现和应用搭建了支架。

总结归纳的基本特征

当出现以下情况时，总结归纳策略是有效的。

1. 任务包含确定讲座、文本、视频片段或概念的可视化表达中与主题最相关的内容或观点。
2. 任务要求学生用自己的语言总结，而这与他们对于旧知和经验的提取密切相关。
3. 任务要求学生在总结中明确和详述不同内容、不同观点之间的联系。

有效的总结归纳需要对陈述性知识、程序性知识和条件性知识进行生成性加工。此外，总结归纳这一学习策略只有在学生总结出与学习相关的内容和主要思想时，才能促进学习。所以，生成性总结必须在_____和_____的指导下完成（回顾前面的模块）。如果你将"学习目标"和"达标要求"填入空格，那么你答对了。这说明了这一学习策略如何促进除精细编码之外的其他有效学习原理。

请利用以下表格，说明总结归纳在激发动机、集中注意、精细编码、提取和练习、认知负荷、积极困境和及时反馈方面是如何起作用的。如有需要，你可以复习一下以前的模块。表格中"提取和练习"一行已经填写好，可作为示范样例。

总结归纳

激发动机	
集中注意	
精细编码	
提取和练习	总结归纳学习内容要求学生用自己的语言进行总结。这需要他们能够提取出相应的词语，同时还能从学习经验或学习任务中提取内容、技能和理解。这就是"提取和练习"的定义。
认知负荷	
积极困境	
及时反馈	

总结归纳的准备

为了将这一策略直接教授给学生，让学生能够在学习过程中加以应用，我们首先应开阔眼界，来看一看学生应该如何做总结。我们经常把总结归纳看作在索引卡上写下个人任务。这种看法有局限性，限制了这项特定学习策略的实用价值。我们可以改变学生总结归纳的方式，问自己这样的问题：他们是如何进行总结归纳的？他们和谁一起总结归纳？请思考以下列出的方法。

➔ 学生独自总结归纳或者在小组中与同伴一起总结归纳。

➔ 学生以书面或者口头的形式总结归纳。

➔ 学生写出一篇正式或非正式的学习总结。

在线资源 ⌕

获取更多关于小学阶段开展总结归纳的资源，请访问本书配套网站：resources.corwin.com/howlearningworks。

请利用下方的表格来制定不同的总结归纳策略。请注意，该表格鼓励使用技术，以创造更多的总结机会。表格中有几处已经填写，可以作为示例帮助你填写。

总结归纳的各种策略

	示例	可能用到的技术
个人总结	学生在记事卡上为一个视频片段写一条"推文"或者150字的总结。	
小组总结		
书面总结		

	示例	可能用到的技术
口头总结		学生提交一段 90 秒的短视频来总结一个概念。
正式总结		
非正式总结		学生在聊天框中输入一段简要总结。

直接教授总结归纳的过程

在进一步学习本模块之前，让我们先确定自己是否清楚一些重要概念。为了让总结归纳成为学生的有效学习策略，我们不仅要确保自己知道总结归纳的规范，还要确保学生在学习有效的总结归纳规范时能够得到支持。请在下方空白处写下与总结归纳相关的大概念。

总结归纳不仅仅是书面或者口头分享一系列与特定主题相关的事实、观点或者想法。为了使总结归纳能够更好地促进学习，这些事实、观点和想法都必须与学习体验或学习任务的内容、原因以及方式一致。在开始直接教授总结归纳策略前，教师必须先确保学生明确学习目标和达标要求。你会发现此过程的第一步就是整合旧知过程的第二步（见图15.1）。

| 学生对识别和提取旧知的内容、原因和方式进行分析。 | | 学生根据学习体验或学习任务的内容、原因以及方式提取出核心概念、主要观点以及重要细节。 | | 学生用自己的语言进行总结归纳，并将各核心概念、主要观点以及重要细节联系起来。 |

图15.1　总结归纳的过程

　　尽管之前的所有模块都强调从扶到放的过程，但对总结归纳来说，从扶到放尤其重要。许多关于总结归纳的研究均强调总结的质量很重要，而总结的质量则源于课堂上对于总结归纳策略的直接教学。我们在教授学生本书中的所有学习策略时，都必须讲清楚实施的过程，归纳总结这一学习策略尤其如此。宾和斯汀维克（Bean & Steenwyk，1984）发现，直接教授总结归纳策略会带来最大的收益。

　　在这个过程的第一部分，学生必须进一步对学习目标和达标要求进行自我评估，并且关注达标要求中的行动。让我们回顾一下模块14中的美国高中世界历史的示例，你会注意到这个表格发生了一些变化（见表15.1）。

表15.1　世界历史课程中学习目标和达标要求的示例

主题: 欧洲的文艺复兴		
学习目标	今天，我们要了解十字军东征对意大利经济发展的影响，以便大家能够理解这些发展如何孕育了文艺复兴的萌芽。	
达标要求	我们知道自己达成了学习目标，因为我们能够： • 描述十字军东征具体的经济影响。 • 解释意大利北部的教会统治与银行业务之间的关系。 • 推断为什么文艺复兴未能在欧洲其他地方兴起并用材料支撑这些推断。	• 十字军东征对经济产生了什么影响？ • 意大利北部的教会统治与银行业务之间有什么关系？ • 为什么文艺复兴未能在欧洲其他地方兴起？

学生将达标要求修改为自己可以回答的问题，有助于他们关注概念、主要观点和重要细节。这样一来，学生就可以在寻找到多项达标要求之间的模式、趋势和联系之前独立回答每个问题。这也正是我们在每个模块的结尾处所做的。

然后，教师要为提取概念、主要思想和重要细节提供支架，一种方法是突出这些模式、趋势和联系。这是总结归纳过程的第二部分。当然，在从扶到放的过程中，学生首先需要模仿，然后进行合作，最后将通过练习和反馈独立完成学习。

表 15.2　学习目标和达标要求的自我评估与监控

主题：		
学习目标	今天，我们要了解……	
达标要求	我们知道自己达成了学习目标，因为我们能够……	来自达标要求的指导性问题是：

这个过程的最后一部分是深化总结，这来自你在本模块第 175 页制定的一些策略。请记住，总结归纳需要直接指导，以确保高质量进行总结归纳。请确保你在模块 12 第 143 页表格的"总结归纳"一行圈出了"有效"选项，但要注意制订详细的计划，将其融入学生的学习中。

在结束本模块之前，让我们用图示来说明你如何直接教授学生总结归纳。使用从扶到放的一个好处是你可以确定学生何时可以独立进行总结。请在下一页图 15.2 中计划并填写本次从扶到放的进程，以及学生将如何、何时练习并获取有关使用此策略的反馈。

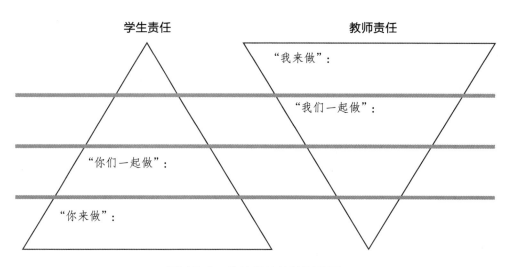

图 15.2　总结归纳从扶到放图

来源：改编自费希尔和弗雷（Fisher & Frey，2013）。

检查理解与否

　　回到本模块的达标要求。参照你在前几个模块中的做法，回答时，请提供实例，以证明你知道。请附上学生作品样本、评价或反馈，以佐证你的回答。

我知道	我展示（回答问题，以示证明）
我能描述学生在进行总结归纳时的情况吗？	
我能解释总结归纳如何与其他有效学习原理一起来促进编码吗？	
我能设计将总结归纳策略应用于自己课堂的流程吗？	

学习策略 4：
绘制图示

学习目标

我们将学习三种不同的方式来帮助学生绘制图示。

达标要求

完成本模块的学习后，我能够：

• 比较这三种绘制图示的不同方式。

• 解释绘制图示如何与其他有效学习原理一起促进提取和练习。

• 将从扶到放应用于直接教授学生如何绘制图示。

上一模块我们重点介绍了总结归纳的学习策略。在继续之前，请花几分钟时间回忆一下总结归纳的三个基本特征，并填写在下框中。

1.

2.

3.

当然，你还可以在下页框中添加更多内容。

请添加一些你自己的观点。

4.

5.

我们从回顾总结归纳开启本模块的学习，因为绘制图示是一种与总结归纳非常类似的学习策略。正如总结归纳会促进学生识别关键概念、主要观点和重要细节一样，绘制图示也同样如此。绘制图示可以帮助学生清晰地识别这些关键概念、主要观点和重要细节之间的联系，还包含了创建这些联系的空间表征。这是绘制图示和总结归纳的不同之处。

> 当要求学生将一篇课文转换为文字的空间排列时，例如，概念地图、知识地图或矩阵图，他们就需要通过绘制图示来学习（2015，p.38）。

上面这句话是菲雷拉和梅耶（2015）对于"绘制图示"的定义，其中提到了三种绘制图示的具体类型。请在下方列出这三种具体类型。

1.

2.

3.

在线资源 🔖

获取更多有关绘制图示元分析的资源，请访问本书配套网站：resources.corwin.com/howlearningworks。

这三种具体的类型将是本模块中的重点。绘制图示（某些情况下）是一种可用于促进精细编码、提取和练习，以及积极困境的策略。

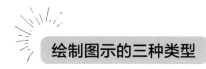

绘制图示的三种类型

让我们看看每种类型的示例，并确定这三种类型之间的相似性和差异性。查看每个示例时，可在"笔记框"中列出你对每个示例的观察结果。你注意到了什么？你想知道什么？

矩阵图示例

姓名：

故事概要

书名：

作者：

人物：

背景：

问题：

主题：

解决办法：

图 16.1　矩阵图示例

知识地图示例

下面两张图分别是美国三年级学生和具备基础词汇的一年级学生制作的知识地图（见图 16.2 和图 16.3）。

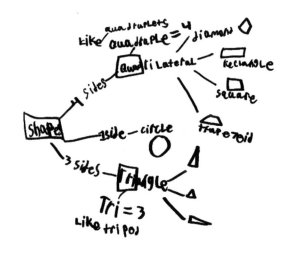

图 16.2　知识地图示例 1

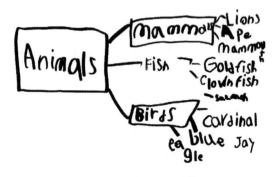

图 16.3　知识地图示例 2

概念地图示例

下面是由学生独立创作的概念地图（见图 16.4）。

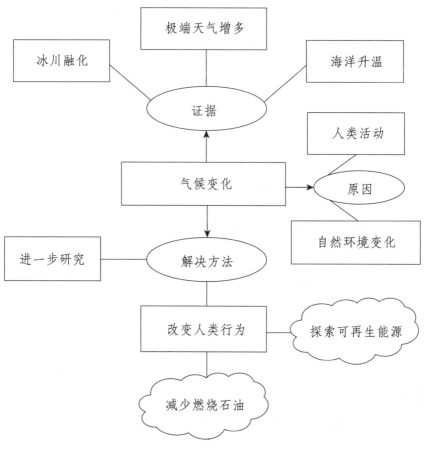

图 16.4 概念地图示例

来源：改编自北卡罗来纳大学教堂山分校的学习中心。

https://learningcenter.unc.edu/tips-and-tools/using-concept-maps.

笔记：

请在下面的方框中整理你的观察重点和疑问，并比较这三种绘制图示类型的异同。

为了讨论这三种绘制图示类型的异同，我们首先需要增加一些术语或词汇。绘制图示涉及节点的空间排列。节点是一些词语——概念、想法或细节。节点是联结在一起的。这些联结是有目的、有意图、经过深思熟虑的，而不是随心所欲的。请翻看前几页的三个示例，在每个示例上圈出或者标亮其节点和联结。

对于知识地图和概念地图来说，圈出节点和联结可能是一个简单的要求，因为它们都很清晰。对于信息组织图来说，节点和联结可能是显而易见的，因为信息组织图具有基于主题的预设结构，这样一来，学生在学习如何绘制图示方面就会有较多的限制，学生只需在信息组织图中填写所需信息即可。在上面的例子中，学生必须认识到主题是什么，然后将其写入信息组织图。

知识地图介于信息组织图和概念地图之间。其限制比信息组织图多，比概念地图少。对于知识地图，学生必须：

1. 确定讲座、文本、视频片段或概念的可视化表达中与主题最相关的内容或观点。
2. 以有意义的方式组织内容或观点。
3. 应用一系列预设的联结（例如，可以是，但如果是，则意味着）。

在概念地图中，学生必须：

1. 确定讲座、文本、视频片段或概念的可视化表达中与主题最相关的内容或观点。
2. 以有意义的方式组织内容或观点。
3. 明确并标记概念地图中不同内容和不同观点之间的空间联系。

请花点时间，再次回顾这三个示例。你能在每个例子中看出上面列出的特征吗？然后，使用下图中的线段，根据对学生的限制程度，将绘制图示的三种类型标示在该线段上的合适位置。

限制最大   限制最小

绘制图示对激发动机、集中注意、精细编码、提取和练习、认知负荷、积极困境和及时反馈都有好处。正如我们在前两个模块中所做的那样，使用第188页表格来描述如何将这些有效学习原理和实践与绘制图示相结合。你可能需要回顾以前的模块。

下表中"认知负荷"一行已经填好，可作为示范样例。

绘制图示

激发动机	
集中注意	
精细编码	
提取和练习	
认知负荷	在概念地图和知识地图中生成节点和联结是关联认知负荷的一个例子。此外，在联结的驱动下，将所学内容组织成空间表征或集群，有助于减少外部认知负荷，并监控内部认知负荷（例如，获取复杂材料并将其组织成空间表征）。
积极困境	
及时反馈	

绘制图示的准备

教学生绘制图示的重点是帮助他们分辨何时使用信息组织图、知识地图或者概念地图。为了使绘制图示的策略能够真正有效并促进学习，学生必须在展示自己学习的过程中进行自我监控、自我反思和自我评估，考虑使用哪种方法来展示所学内容。你可以应用以下这些引导性问题：

> 教学生绘制图示的重点是帮助他们分辨何时使用信息组织图、知识地图或者概念地图。

1. 学习是否与标准化过程或程序有关？（例如，写一篇叙述文，探讨人类对环境的影响和科学方法对环境的影响哪个更大？）在这种情形下，信息组织图可能更合适。

2. 主题的各方面或各组成部分是否有明确的分界（例如，不同类型的多边形、不同的文本特征）？在这种情形下，信息组织图可能是最好的选择。

3. 学习是否具有条件性（例如，类似于不同类型的三角形或岩石的"如果—那么"的条件关系）？具有预设联结的知识地图可以很好地用于条件性知识的学习。

4. 是否存在与学习内容（例如，气候变化、民权运动）相关的多种结果、变量和互动（或关系）？这种复杂程度则通常需要用概念地图来表示。

每个问题的答案都将让我们深入了解应该使用哪种类型，以及何时使用。现在，请使用 P190 页的表格对每种类型在什么情况下最适合进行头脑风暴。请根据需要参考前面的引导性问题。其中两行已填写好，可作为示范样例。

绘制图示的类型	这种类型在什么情况下 最适合？	对学生的指导 （策略教学）
信息组织图	1.叙述文——学生将绘制信息组织图作为他们写作前的预热。 2.	在将叙述文的具体组成部分与信息组织图以及叙述文本身（例如，每个节点是什么，它们是如何分布的）相关联时，学生需要得到指导。
知识地图	1. 2.	
概念地图	1.人类和气候变化之间的关系。 2.	学生必须能够识别内容、技能和理解；然后妥加安排，使之能够清楚地体现出内容、技能和理解之间的联系。

直接教授绘制图示的过程

绘制图示不仅仅是写下所有的关键词和短语，并在它们之间画一条线。绘制图示是学生在空间上表示所学内容，并明确地绘制所学内容之间关系的一种方式。同样，这个过程必须从确保学生关注学习目标和达标要求开始。这是本书不断出现的主题。学生必须首先从学习目标和达标要求开始，以确保他们能够识别相关的概念、观点和细节（见图 16.5）。

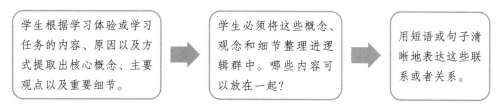

图 16.5 直接教授绘制图示的过程

这个过程的第一部分涉及知识地图和概念地图。学生必须列出一系列的内容、技能和理解。从本质上讲，学生只是从多种资料（例如课堂笔记、学习体验和学习任务、教科书）中找出一系列内容、技能和理解。

> 请暂停片刻，再看一下知识地图和概念地图的示例。你看到哪些内容、技能、理解本应出现在列表中而没有出现？对于信息组织图来说，学生不是根据各种资料来填写列表。相反，他们不断将产生的想法填入预设结构（例如主题、背景）。

内容、技能和理解

主题：

内容	1.
	2.
	3.
	4.
	5.
	6.

技能	1.
	2.
	3.
	4.
	5.
	6.
理解	1.
	2.
	3.
	4.
	5.
	6.

直接教授绘制图示的第二部分，是要求学生将这些概念、观点和细节进行分类。哪些概念可以组合在一起？哪些观点是一致的？每个概念和观点都有哪些细节？据此就可以画出知识地图和概念地图。对于信息组织图来说，学生也是据此决定将哪些信息放入预设结构中的哪个位置。

暂停片刻，返回知识地图和概念地图的示例。请注意画图的学生是如何将条目（例如苹果颜色、成熟度以及细胞呼吸、光依赖反应）放在一起的。对信息组织图来说，学生不是根据各种资料来填写列表。相反，他们不断产生想法并将其填入预设结构（例如主题、背景）。

在线资源 ⌕

获取更多关于多种关系语义图示的资源，请访问本书配套网站：resources.corwin.com/how learningworks。

这个过程的最后一部分是创建图示或填写信息组织图。就像总结归纳一样，这种策略需要直接教学，以确保联结的质量和信息组织图中包含的信息质量与学习目标和达标要求相一致。请确保你在 P143 页表格的"概念地图"一行圈了"有效"选项。

最后，我们希望学生在没有提示的情况下，能够在阅读课本中的一节内容后决定是否绘制知识地图。我们希望学生用一周的时间学习，并绘制一张概念地图，来展示运动生理学或生态系统中的关系和互动。但是，这需要时间和直接教学。学生在开始为自己的学习绘制图示时需要练习和反馈。请在图 16.6 中计划本次从扶到放的进程，以及学生将如何、何时练习并获取有关使用此策略的反馈。

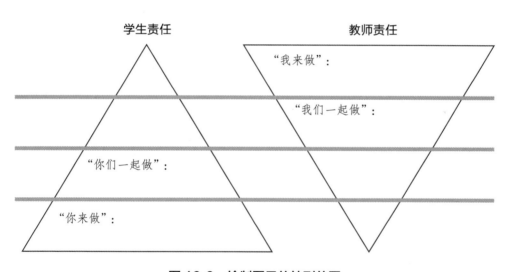

图 16.6 绘制图示从扶到放图

来源：改编自费希尔和弗雷（Fisher & Frey，2013）。

检查理解与否

回到本模块的达标要求。参照你在前面几个模块中的做法，回答时，请提供实例，以证明你知道。请附上学生作品样本、评价或反馈，以佐证你的回答。

我知道	我展示（回答问题，以示证明）
我能比较这三种绘制图示的不同方法吗？	
我能解释绘制图示如何与其他有效学习原理一起促进提取和练习吗？	
我能将从扶到放应用于直接教授学生绘制图示吗？	

模块 17

学习策略 5：
自我检测

学习目标	达标要求
了解自我检测在知识的获取、巩固以及储存上的作用。	完成本模块的学习后，我能够： • 描述自我检测的意思。 • 解释自我检测如何使我的学生受益。 • 将从扶到放运用于直接教授学生自我检测。

"检测"（testing）是教育领域最不受喜爱也是最没有得到充分利用的概念之一。向任何一群学生提起检测，你都会听到哼哼唧唧的抱怨声。这种反感你能看到和听到，除此之外，教室里隐隐蔓延着一种看不见、听不到的紧张情绪。你可以让学生试试这个小练习：让他们说出听到"检测"这个词的时候想到了些什么。他们的回答，与在第 20—22 页模块 1 中有关学习概念调研的回答，有什么不同？

自我检测是一个非常有效的策略，它支持学生进行自我监控、自我反思以及对学习的自我评价。在 1909 年，埃德温娜·阿伯特（Edwina Abbott）开展了第一个关于自我检测的研究并发表了其研究报告。

自此，关于自我检测这一学习策略益处的研究层出不穷，然而我们必须纠正一些错误的想法，保证我们每个人在使用"自我检测"这个词时都能清楚了解它的含义。当我们开始这一模块的学习时，我们不仅要继续关注从扶到放，而且要监控学生对自我检测这一有效学习策略的处理情况和态度。

在线资源 🖰

获取更多关于检测作用的原始研究，请访问本书配套网站：resources.corwin.com/howlearningworks。

首先，请看下面这张图。你可能认出来了，这张图在模块 8（第 88 页）中出现过，只是在这里将该图中所有的标记和描述去掉了。请不要往前翻，回想一下这张图的内容和它传递的信息，在图上尽可能多地标记、填写和补充关键词。

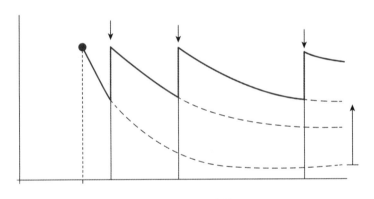

图 17.1　记忆曲线图

现在，如果你想要得到关于这个任务的反馈，请把书翻到第 88 页。你完成得怎么样？如果有需要，请立刻对刚才的答案进行订正。

恭喜你，你刚才就进行了一次自我检测。在我们对"自我检测"一词下定义之前，再看一下上一段话，把"反馈"这个词圈起来，我们等会儿会用到它。

学生在回答有关所学内容的低风险练习题时，就是在自我检测。自我检测这一卓有成效的学习策略与其他形式的测试（如标准化测试或单元测试）有以下几点不同。

1. 自我检测是低风险甚至零风险的。

2. 自我检测可以在学习任务和学习体验进行中完成，也可以在结束之后完成。

3. 自我检测是学生自己做的事情。

请用下面的维恩图（见图 17.2）将自我检测和其他课堂测试进行比较，并尽可能详细地记录下来。

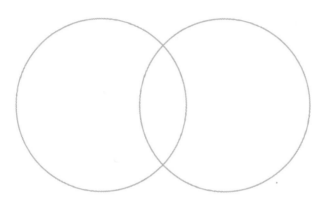

图 17.2　维恩图 3

自我检测的好处

自我检测可以为学生带来许多好处。比如，当学生对低风险练习题做出回答时，他们是在提取陈述性知识、程序性知识和条件性知识。当每隔一段时间就进行一次这样的练习测试（间隔练习或分布练习）时，这种积极效果还会加强。而且，当这些低风险练习题以不同形式（例如多选题、自由问答题或混合形式）呈现时，学生能通过不同的线索和提示来获取、回顾其学习成果。例如，回答多选题所需要的提取方式就和回答自由问答题所需的方式不一样。然而，从总体上看，学生通过自由问答题进行自我检测的效果更好（Smith &

Karpicke，2014）。

请在下表中列举所有你能想到的学生进行自我检测的方式。当学生需要自我检测时，这份清单就可以帮助我们在这方面做到从扶到放，而不需要我们亲自测试。很多学生可能对自我检测的真正含义有一些误解。

自我检测不仅用到了提取和练习，在学生进行练习测试时还用到了本书讨论的其他有效学习原理和实践。请在下表中描述一下，自我检测是如何对激发动机、集中注意、精细编码、提取和练习、认知负荷、积极困境和及时反馈产生积极影响的。你可能需要回顾以前的模块。下表中"集中注意"一行已经填写，可作为示范样例。

自我检测

激发动机	
集中注意	如果集中注意是识别、选择我们的认知资源并将其聚焦于某一具体学习，自我检测就有助于突出需要学生特别关注的内容，尤其是在学生出错的时候。它能够让学生意识到下一步该做什么。
精细编码	
提取和练习	
认知负荷	
积极困境	
及时反馈	

在线资源 ☟

获取更多关于不同测试类型的资源，请访问本书配套网站：resources.corwin.com/howlearningworks。

如果学生犯了错怎么办

大家对于自我检测的担忧是，学生可能会犯一些错误，如果他们不在学校或教室里，我们就无法帮他们纠正这些错误了。假设一个七年级学生决定测试一下自己，看看自己是否掌握了圆周率与圆面积之间的关系问题。他试图回答从课本中选出的概念性、程序性或应用型问题，但是他犯了几个错误，好多题都错了。这是个问题吗？答案是具体情况具体分析。犯错误是有益还是有害取决于学生是否收到了矫正性反馈。

当学生收到了有效的矫正性反馈时，犯错误后再根据反馈进行修正的过程强化了自我检测的积极效果。为了确保我们为学生给予和接受有效反馈提供支持，请先复习一下模块 11 的内容，再在下方的框内列举一些有效反馈的特征。

在线资源

获取更多关于及时反馈作用的资源，请访问本书配套网站：resources.corwin.com/howlearningworks。

自我检测的实施准备

为支持学生进行自我检测，我们必须在课堂上解决以下三个具体的问题。

1. 我们必须激励学生进行自我检测。我们希望过一段时间后他们能够主动做练习测试。

> 请复习一下模块 5 内容。你该如何提升学生兴趣和自我效能感，构建以努力为基础的归因模式，从而激发他们更深层次的动力呢？

2. 我们必须为学生提供更多用以自我提问的工具，帮助他们在合适的时间选择合适的工具，以此使自我检测效率最高。

> 请翻回模块 8，尤其注意翻看表 8.1。哪种工具能让你的学生从自我检测中获益？请具体回答。这些工具就是我们从扶到放中会用到的工具。

3. 我们必须为给予和接收反馈做好计划，不管这反馈是来自教师、同伴还是网络平台。

不同的反馈在时间、数量、模式和受众方面都会有不同之处。请复习模块 11 的内容，描述你会如何改变反馈来改善自我检测效果。

自我检测的实施过程

实话实说，让学生去练习是有挑战性的，自我检测也不例外。本书讨论的所有学习策略实施起来都不容易，这是教与学过程当中会出现的正常情况。比如，确立目标需要花时间进行细致的自我监控，整合旧知需要学生真实客观地评估他们对学习内容、技能和理解的熟练程度。如果没有直接教会他们做总结归纳，学生可能会遇到困难，而绘制图示需要选择正确的方法。再次强调，这些都是会出现的正常现象。而进行自我检测练习的挑战是仅仅让学生去做，而不提供任何支持。然而，将其他学习策略纳入这一过程似乎是一种有效的方法。我们来看看这个过程，解释一下其中的含义。（见下页图 17.3）

学生必须获得一个测试工具箱和大量资源来支持他们进行自我检测。		学生选择的工具和资源必须适配具体的学习成果，而这些学习成果则应以学习目标和达标要求为导向。		学生必须知道去哪里给予和接收反馈。

图 17.3　直接教授自我检测的过程

你可以把自我检测中对学生有益的工具列为清单，而且必须将这些工具的使用方法直接地教授给学生。再次强调，我们已经从让学生做基于证据的练习，转向直接教他们可以独自应用的学习策略。我们可以通过以下做法来实现这一转变。

➜ 在自我检测的背景下示范具体策略。

➜ 将学习过程可视化，以便学生将自我检测与他们的成长关联起来。

➜ 当学生不知道该做什么时为他们做示范，这样即便我们不能在他们身边立刻提供帮助，他们也能照着示范做。

➜ 就给予反馈和接收反馈进行示范和练习。

第二个部分是帮助学生将他们能获取的工具、资源与学习目标、达标要求匹配起来。

> 　　学习目标告诉我们需要进行练习测试的内容。达标要求告诉我们进行练习测试的方式。

我们以下面几个达标要求为例。

➜ 我能够用方程为数据建模。

➜ 我能够解释人类对生态系统的影响。

➜ 我能够识别阅读材料中的关键细节并且解释其如何支撑主旨。

➜ 我能够分析作业并且找出还需要额外练习的地方。

请花点时间把上面每条达标要求中的动词圈出来。建模、解释、识别和分析这几个动词告诉我们和学生该如何进行练习。换句话说，一个学生该怎么练习处理数据和方程式？学生可用建模的方法。一个学生该怎么练习了解人类对生态系统的影响？学生可用解释的方法。这些动词不仅告诉我们和学生该怎么进行练习，也为我们缩小了选择工具的范围。确定测试工具的过程应与动词所描述的过程匹配。请在下面的方框中再写一遍上面这句话。这句话非常重要。

如果达标要求中的动词是描述，我们和学生选择的测试工具应该能够让他们练习描述这一技能。回顾一下你在本模块第 200 页第二项填写的内容，以它为出发点来选择与达标要求中使用的动词匹配的测试工具。表中第二行已填好，可作为示例。

达标要求	动词	测试工具与资源匹配的示例
我能够用方程为数据建模。	建模	
我能够解释人类对生态系统的影响。	解释	使用教育类社交软件 Flipgrid 口头练习解释这种影响。
我能够识别阅读材料中的关键细节并且解释其如何支撑主旨。	识别	
我能够分析作业并且找出还需要额外练习的地方。	分析	

自我检测工具

达标要求	动词	测试工具与资源匹配的示例
	建模	
	解释	
	识别	
	分析	

自我检测过程的最后一个部分与及时反馈相关。就像我们在之前的每个模

块中做的那样，这个部分也需要我们做出示范（例如，提供锚点图、一对一谈话、案例、量规，或进行教师示范等），帮助学生确定从何处获取反馈，以及如何回应收到的反馈。这个部分的关键是保持这件事的低风险性。反馈不是打分，当我们打出一个分数时，自我检测就从低风险变成了高风险，而且学生将它用作学习策略的动机就变成了仅仅得到一个分数。

最后，我们希望学生不需要提醒就能够自觉练习。我们希望学生在确立目标、自我评估，以及应用本书中提供的其他学习策略时，都能够自行调整自我检测的策略，用测试促进学习。

在将从扶到放应用于自我检测之前，我们来补充一些材料。

在线资源 ⌖

获取更多关于自我检测时间安排与互惠教学的资源，请访问本书配套网站：resources. corwin.com/howlearningworks。

 补充材料：合作学习

支持独立进行自我检测的一个方法是合作学习。你可以把它当作一个自我检测的支架。合作学习的定义是：

两个或两个以上的学生合作达成一个共同目标的教育策略。一般来说，合作学习需要在面对面的互动中培养积极互赖性，让每个成员都为这个合作项目承担责任并且提升人际交往能力。合作学习的目的是让学生参与比通常情况下能够驾驭的更复杂的项目（Visible Learning Meta^{X}，2021）。

合作学习并不一定能引导学生进行自我检测。但是，我们可以在涉及自我检测的合作学习任务中分配角色，从而建立学生的自我效能感并引导学生将成就归因为自身努力。比如说，在一次合作学习中，让学生轮流扮演询问者的角色——负责围绕特定任务提出问题。在从扶到放的过程中，询问者可以按以下步骤做：

1. 首先提出预设的问题，供学生在合作学习任务中选择使用。

2. 接着，提供问题主干。询问者必须把问题的另一半补充完整。

3. 之后，问题发起者需要询问者写出大量的问题。

4. 最后，询问者提出自己的问题。

另一个支持自我检测的策略就是互惠教学。

互惠教学给每一个学生提供机会，让他们对基于文本的任务进行问答，这跟在合作学习中分配角色一样。

你可以在图 17.4 中写下你计划在自我检测中如何从扶到放，也可以写一写学生应在何时、用何种方式练习使用该策略并获取反馈。

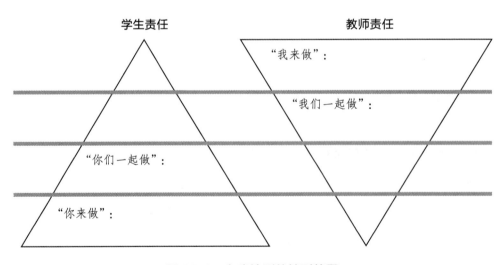

图 17.4　自我检测从扶到放图

来源：改编自费希尔和弗雷（Fisher & Frey，2013）。

检查理解与否

回到本模块的达标要求。参照你在前几个模块中的做法，回答时，请提供实例，以证明你知道。请附上学生作品样本、评价或反馈，以佐证你的回答。

我知道	我展示（回答问题，以示证明）
我能描述自我检测的意思吗？	
我能解释自我检测如何使我的学生受益吗？	
我能将从扶到放应用于直接教授学生自我检测策略吗？	

模块 18

学习策略 6：
精细询问

学习目标	达标要求
了解精细询问。	完成本模块的学习后，我能够： • 描述什么是精细询问。 • 描述鼓励精细询问的不同方法。 • 将从扶到放应用于直接教学生独立进行精细询问。

从这本书的开头到这里，我们已经学习了很长一段时间。在进入本模块的学习前，可能是时候暂停一下，复习之前的五个学习策略了。下表列出了这五个学习策略，也为你提供了空白区域来反思这些策略之所以能促进学习的原因。请花一些时间填写下表，尽可能多地提供细节和你自己教学中的例子。

学习策略	为什么这个策略可能促进学生学习
确立目标	
整合旧知	

208

学习策略	为什么这个策略可能促进学生学习
总结归纳	
绘制图示	
自我检测	

不管你现在是否意识到了这一点，你刚才就进行了一次精细询问。精细询问被定义为一种要求读者通过提问对明确陈述的事实进行解释的询问技能。问题可以是：

➜ "为什么这是对的？"
➜ "为什么这说得通？"

或者仅仅是：

➜ "为什么？"

典型的教科书式问题更多问的是"是什么"而非"为什么"，而精细询问不同于典型的教科书式问题，它已被证明能够通过基于文本的经验或任务来促进学习（Visible Learning Meta[X]，2021）。

精细询问的好处

从普雷斯利（Pressley）等人在 1987 年的开创性工作开始，研究者们已经在不同的学生群体（例如年龄、残疾状况等）和不同的学习类型（例如陈述性学习、程序性学习和条件性学习等）中对精细询问进行了较为透彻的研究。

在线资源 ↘

获取更多关于精细询问的资源，请访问本书配套网站：resources.corwin.com/howlearning works。

然而，研究结果表明，精细询问对事实材料更有效。

精细询问的问题示例

1. "这为什么是对的？"
2. "为什么这说得通？"
3. "为什么？"
4. "为什么_____是真实的，而_____是不真实的？"

在线资源 ↘

获取更多关于精细询问的资源，请访问本书配套网站：resources.corwin.com/howlearning works。

下一页的表格包含了来自不同学科、不同年级的事实性陈述，请在右边一列写下一个精细询问的问题。有两行已填写，可作为示例。

事实性陈述	可能的精细询问
高中三角函数：三角函数是不可逆的，因为它具有周期性。要确定反三角函数，必须要有该三角函数的定义域。	为什么三角函数是不可逆的？
初中世界地理：拉丁美洲和加勒比地区的自然特征影响了人口定居和发展情况。	
五年级科学：有时两种或两种以上物质混合时，它们原来的性状并未改变。	为什么这对有些物质来说是正确的，而对另一些物质来说不正确呢？
二年级阅读：图片可以使文本更清晰。	

　　精细询问是对学习科学不同原理的综合运用。虽然精细询问与提取和练习，以及积极困境有显而易见的联系，但询问"为什么""为什么这说得通"或者"为什么这是对的"不仅很好地利用了提取和练习，以及积极困境原理，也充分利用了其他有效学习原理和实践。请在第212页表格的空白处描述精细询问是如何运用激发动机、集中注意、精细编码、提取和练习、认知负荷、积极困境和及时反馈这些原理促进学习的。如果有必要，可以翻看之前的模块。

表格中"激发动机"一行已经填好，可作为示范样例。

精细询问

激发动机	问学生"为什么"通常能激发他们对某一特定话题的兴趣。围绕学生感兴趣的某一事物进行精细询问能够使他们产生动机。即便他们没有立刻对一个话题产生兴趣，深入探究学习背后的原因能够提高其主动性，从而激发动机。
集中注意	
精细编码	
提取和练习	
认知负荷	
积极困境	
及时反馈	

让我们回到积极困境这一概念上。你可能已经在前两个任务中注意到了，精细询问可以很轻易地隔断积极困境的"宜居区"。请翻回模块 10，思考我们运用精细询问策略时会遇到什么困难。请在下框中列举一些。

精细询问的实施准备

你在上面列举的困难，可以帮助我们为学生提供更多机会，以培养他们精细询问的能力并最终使他们能够独立进行精细询问。以下几个必备技能可以促进这一学习策略的实施。

1. 我们必须确保学生有获取必要资源的途径。比如，如果学生无法立刻知道三角函数是不可逆的，他们有没有资源来找到答案？

你如何确保必要资源是可获取的，如何将其整合到从扶到放的计划中？

213

2. 我们必须直接教学生提出不同类型的问题。我们可以这样做：先给出不同的正例和反例，其次给出问题框架，接着给出问题题干，最后让他们自己提出"为什么"这一问题。

请在下方空白处研究并描述不同类型的问题（比如，开放性或封闭性问题，发散性或收敛性问题）。你如何确保学生有能力和信心向你、同伴以及他们自己提问？

 补充材料：拼图法

精细询问在小组合作场景中也是很有效的，其作用类似于在合作学习中实施自我检测。我们可以在课堂上为学生创造练习精细询问的机会。他们在问"这为什么是对的""为什么这说得通"或仅仅问"为什么"的过程中得以培养提问能力和处理技能，我们可以借此机会为他们提供反馈和其他支架。

"拼图法"（jigsaw）是精细询问的一种具体策略。

在线资源 ✎

获取更多关于拼图法课堂的资源，请访问本书配套网站：resources.corwin.com/howlearningworks。

1. 从基本组开始

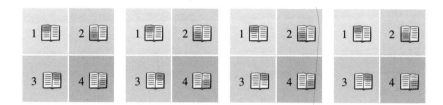

学生组成基本组。他们分别得到一篇文本的不同部分，并进行独立阅读。

2. 阶段一：专家组

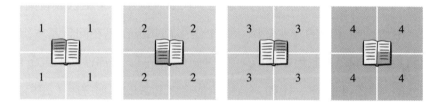

学生组成专家组，讨论他们共同阅读的文本。

3. 阶段二：基本组

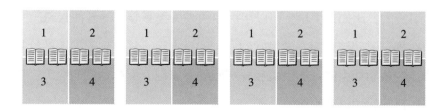

学生回到基本组，讨论阅读内容。

4. 阶段三：专家组

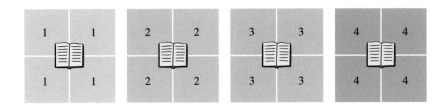

　　学生再次在专家组中，讨论各自收集的想法，包括他们负责阅读的部分如何与整篇文本融合。

来源：以上拼图法内容改编自费希尔和弗雷（Fisher & Frey，2018）。

　　教师会将学生分配到不同的专家组。在专家组中，学生获取有关特定想法、概念或者主题的专业知识。每个学生都知道自己在回到基本组时，需要负责把他们在专家组中获取的那些陈述性知识、程序性知识或条件性知识教给基本组的同学。比如，教师可能会就导数的每项应用（即相关变化率、均值定理、临界点、绘图、极大值和极小值问题以及微分方程）建立专家组，也可能为每一种地图（即水深图、地质图、地形图、天气图和星图）建立专家组。如果学生正在探索不同写作体裁，教师也可以据此给学生分组。在世界地理课堂上，专家组可能会聚焦于一个国家地理情况的不同方面（例如自然地理、历史地理、人文地理）。拼图法在体育教学中也是可行的，比如，中学生可以用拼图法来做提高心率的各种练习。

　　在规定时间结束后，学生回到他们的基本组，将学到的内容教给其他成员。在教学结束时，学生最后一次回到专家组，反馈他们的经历。自我解释和自我教学贯穿始终。

　　在继续学习之前，请回答下一页的反思性问题。

> 拼图法如何促进学生培养精细询问的能力？

精细询问的实施过程

　　每当学生对一个问题做出回答时，我们就为精细询问定下基调（见图18.1）。如果一个学生回答"答案是2"，他是否需要对"答案是2"做出解释？这取决于师生在交流之前定下的基调。这个过程的第一部分从上课第一天就开始了。比如，我们认识的一位老师在教室后面贴了一张写有字母"W-M-Y-S-T"的海报，海报大得在教室的另一头都能看到。这些字母代表着"你为什么会这么说？"（What Makes You Say That?）这一年中，她只要在学生回答完一个问题后用手指一指海报，学生就会立刻用学习经验或任务中的证据来佐证其回答。

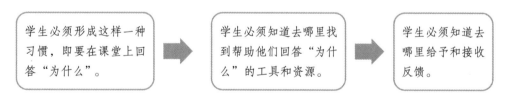

图18.1　直接教授精细询问的过程

　　这个过程的第二部分就是帮助学生在困惑时确定可用的工具和资源。请回到本模块第211页事实性陈述和可能的精细询问，什么工具可以支持学生"找出"原因，而不是等别人把答案告诉他们？比如说，我们可以拿五年级科学举一个例子：为什么这对某些物质来说是正确的，而对另一些物质来说不正确呢（见第 211 页表格）你的教室里有科学角吗？学生能用笔记本电脑查找答案吗？图书角里有关于混合物与溶液的书吗？

如果我们要使用精细询问这一策略，我们必须创造出一个能够支持该策略的学习环境。如果我们不允许学生离开他们的座位，去参观媒体中心，或者离开当前的学习过程或任务去寻找答案，那为什么还要实施这一学习策略呢？请在下方空白框内描述你需要哪些准则或指标来创造一个有利于进行精细询问的环境。

自我检测工具

事实性陈述	可能的精细询问	工具和资源的示例

像自我检测一样，精细询问也有赖于有效反馈。正如我们在之前的模块中做过的，这要求我们做出示范，帮助学生确定从何处获取反馈，以及获取反馈后如何妥善处理。你需要考虑以下几个问题。

1. 对于"为什么这是对的""为什么这说得通"或者仅仅是"为什么"的问题，学生如何分享他们的答案？他们只是进行自我解释或者自我教学吗？
2. 学生会如何获取他人对其回答的反馈，以尽快消除误解？
3. 我们如何提供反馈，且不会打击学生进行精细询问的积极性？

这部分内容和自我检测的关键都在于保持低风险。这个学习策略的目的也不是获取高分。

最后，我们要让学生自然而然地问出"为什么"。我们希望他们从课堂上学到的不只是陈述性知识、程序性知识和条件性知识。比起让他们阅读或者听有关蚯蚓的内容，我们更希望他们能问为什么蚯蚓在暴雨天时会钻出地表。为什么弗朗西斯·斯科特·基·菲茨杰拉德（Francis Scott Key Fitzgerald）会写《了不起的盖茨比》（*The Great Gatsby*）？为什么一条垂直线的斜率是不存在而不是无穷大？不管是通过确立目标、自我评估，还是利用本书中介绍的其他学习策略，我们都希望学生能使用有效的方法突破表层理解。我们希望他们会"深潜"，而不是"浮潜"。事实证明，精细询问是一个很有效的学习策略。

本书中最后一次，请你在下页图 18.2 空白处写下你如何计划从扶到放，也写一写学生应在何时、用何种方式练习使用精细询问这一策略并获取反馈。

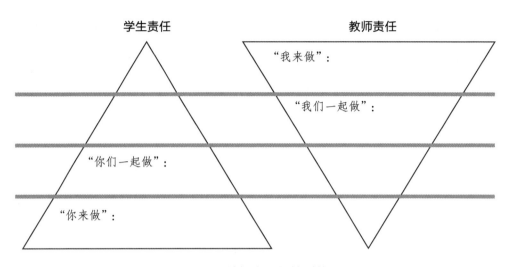

学生责任　　　　　　　　　　　　教师责任

"我来做"：

"我们一起做"：

"你们一起做"：

"你来做"：

图 18.2　精细询问从扶到放图

来源：改编自费希尔和弗雷（Fisher & Frey，2013）。

检查理解与否

　　回到本模块的达标要求。参照你在前几个模块中的做法，回答时，请提供实例，以证明你知道。请附上学生作品样本、评价或反馈，以佐证你的回答。

我知道	我展示（回答问题，以示证明）
我能描述什么是精细询问吗？	
我能描述鼓励精细询问的不同方法吗？	
我能将从扶到放应用于直接教学生独立进行精细询问吗？	

第四部分

本部分内容包括:

模块 19　生成与收集证据

模块 19

生成与收集证据

在本书的开头，关于学习是如何进行的以及如何在课堂上实施有效学习原理和实践，我们确立了两个主要的构想：

1. 学习科学提供了课堂上可能起作用的有效学习原理和实践。然而，我们必须根据课堂实际情况调整这些原理和实践，并且生成证据，让我们和学生据此判断学习是否发生。

2. 学习科学主张直接教授学习策略，让学生在独立的学习之旅中培养学习能力、获得学习效能感。我们希望学生掌握自己学习的主导权，即使我们不再担任他们的老师，他们也知道该如何主导自己的学习。

> 请回顾本书的前言部分，并在下方列举四种我们希望通过直接教授学生学习策略能培养的特质。
>
> 1.
>
> 2.
>
> 3.
>
> 4.

在努力实现这两个主要构想时，我们必须参与评估过程，来评定学习科学的研究成果和学习策略是否对学生产生了影响。本书最后一个模块将介绍我们作为评估者的角色。

对评估做出规划

要成为评价影响的评估者，我们必须为评估做出规划。

要成为评价影响的评估者，我们必须合理规划评估活动。

请注意以下几点。

➜ 拥有并分享关于学习的清晰认知。

➜ 为收集证据做计划。

➜ 为选择和组织证据做计划。

➜ 为理解证据做计划。

针对"拥有并分享关于学习的清晰认知"这一点，请注意以下三个反思性问题（详见表 19.1）。

➜ 我们的目标是什么？

➜ 现在进行得怎么样？

➜ 我们的下一步目标是什么？

表 19.1　规划评估三问

我们的目标是什么？	评估过程的这一部分要着眼于预期的学习目标和达标要求，这包括内容，以及具体的技能和理解。 举例：学生可能在学习分水岭、1812 年战争或者指数增长的知识，但同时他们也在培养自己归纳总结的技能。

现在进行得怎么样？	这一部分借鉴了学生生成的证据，以便确定他们在哪方面取得了进步和在哪方面还需要额外学习。和第一个问题相似，它也包括了内容、技能和理解。 **举例**：证据表明学生在识别作者意图方面取得了进步，但是当他们和"搭肩密友"合作进行总结归纳时，还只是停留在复述所有细节上。
我们的下一步目标是什么？	这最后一个部分是分析证据，并据此制订下一步教学和学习的计划。 **举例**：为了更好地阐明"总结归纳"的含义，老师计划让学生共同构建"好总结是怎样的"的达标要求，包括对各种正例和反例进行比较。

请仔细看第一个问题："我们的目标是什么"。这个问题要求我们充分利用与学习经验或学习任务有关的学习目标和达标要求。我们已经在本书中提到过多次，学习目标和达标要求是课堂的两个组成部分。它们的重要性不言而喻。如果我们和学生都不清楚他们在学什么、为什么要学以及成功的标准是什么，我们几乎不可能确认用什么有效学习原理和学习策略来促进学生的学习。

达标要求和评价

达标要求详细地描述了学生必须生成什么样的证据，他们必须说什么、做什么，来展示他们针对学习目标的学习进度。达标要求除了为学生提供合适的学习策略、为学生更具目标导向的行为提供支持，还让我们能够更好地评价学习科学研究成果和学习策略的影响。

请在下页表 19.2 空白处描述达标要求如何促进本书中提到过的有效学习原理、方法以及学习策略，并确保填写的内容中包含来自你的课堂上的具体案例。表中有几行已经填好，可作为样例。

表 19.2 达标要求的作用

有效学习原理和实践	达标要求的作用	我课堂上的案例
激发动机		
集中注意	达标要求有助于学生明白在学习经验或学习任务中该寻找什么或者将注意力放到什么地方。如果达标要求是识别并描述细胞结构，那么学生就会知道他们需要在学习中注意什么内容。	
精细编码		
提取和练习		
认知负荷		达标要求应清晰、具体且简洁，以避免认知过载。
积极困境		
及时反馈	提供的反馈是和达标要求具体对应的。	
确定目标		
整合旧知		有一次，我向学生分享了达标要求，我让他们列出之前哪些学习内容是成功所必需的。然后，他们两人一组进行合作，以确保他们熟悉之前的概念或想法。
总结归纳		
绘制图示		
自我检测		
精细询问		

为采集证据做规划

当我们要计划对学习科学研究成果和学习策略的影响进行评估时，形成性评价或对理解的检测可以生成我们能够收集和用于评价的证据。在教学过程中，我们必须和学生合作，以便积极、持续地监测他们的学习。这些对理解的检测可以有各种难度、强度，也可采用思维可视化的不同方法。比如，可以是书面的或口头的，也可以是某种行动，这取决于达标要求。我们获取必要证据越快、越直接，效果就越好。回顾模块 14 中的达标要求，我们一起来看一看表 19.3 中的例子。

表 19.3　为采集证据做规划的示例

达标要求	采集证据的任务
我们能够**描述**十字军东征的具体经济影响。	要求学生给邻桌描述这些影响；在课堂中完成三分钟写作；在下课时填写出门条。
我们能够**解释**意大利北部的教会统治与银行业务之间的关系。	让学生做各种活动，包括：**用引导性问题进行思考，并结对分享**；**在直接教学过程中提问**；做课本中含示例的引导性练习；使用带选项的出门条。
我们能够**推断**为什么文艺复兴未能在欧洲其他地方兴起，**并佐证这些推断**。	让学生做各种活动，包括：在直接教学的时候观察对比案例，以找出文艺复兴的重要特征；独立归类不同的条件，然后写下归类的原因；**参加拼图法活动来识别该地区的重要特征**；**绘制一幅概念地图**。

来源：改编自斯威尼和哈里斯（Sweeney and Harris，2016）。

在上表中，我们将达标要求中的动词和采集证据的具体任务做了加粗标记。下一页的方框中列出了加粗标记的任务。请在每个任务边上写出它们用到了什么有效学习原理或者学习策略。请注意：答案有可能不止一个。

三分钟写作：

用指导性问题进行思考，并结对分享：

在直接教学过程中提问：

参加拼图法活动：

绘制一幅概念地图：

表 19.4　为采集证据做规划空白表

达标要求	采集证据的任务

来源：改编自斯威尼和哈里斯（Sweeney and Harris，2016）。

为收集和整理证据做规划

除了为采集证据做规划之外，我们还要找到一些方法来收集或者整理有关陈述性学习、程序性学习和条件性学习的证据。而本书的创新点在于，针对学生使用的学习策略以及这些策略对学习进步的影响收集证据。获取证据的方法包括收集进门条、出门条或者学生制作的手工作品。此外，还需要有组织证据的方法，以便我们理解学生的回答。非有形作品如丰富的对话、互动和行为也可以用于评价学习策略的影响。（详见表 19.5）

表 19.5　收集证据的记录表样本

达标要求	观察做了什么	听见说了什么	看见写了什么
我们能够描述十字军东征的具体经济影响。			
我们能够解释意大利北部教会的统治与银行业务之间的关系。			
我们能够推断为什么文艺复兴未能在欧洲其他地方兴起，并佐证这些推断。			

学习策略	观察做了什么	听见说了什么	看见写了什么
总结归纳			
自我检测			
精细询问			
绘制图示			

来源：改编自斯威尼和哈里斯（Sweeny and Harris，2016）。

表 19.6　收集证据的记录表（空白表）

达标要求	观察到做了什么	听见说了什么	看见写了什么

学习策略	观察到做了什么	听见说了什么	看见写了什么
总结归纳			
自我检测			
精细询问			
绘制图示			

来源：改编自斯威尼和哈里斯（Sweeny and Harris，2016）。

当我们通过观察和倾听收集证据时，我们可以深入了解学生的理解、倾向和动机。而如果通过派发书面调查单收集证据有其局限性，我们只知道学生是否完成了书面调查单，无从知晓其他更多信息了。

当我们通过观察和倾听收集证据时，我们可以深入了解学生的理解、倾向和动机。

理解证据

教师可以在评估和整理证据后决定下一步做什么。我们通过观察学生的行为来评估证据。学生的这些行为反映了他对学习内容和学习技能的理解情况，以及实践和使用具体学习策略的情况。我们必须批判性地反思从扶到放的过程。

→ 我下一步要做什么?

→ 我们下一步要做什么?

→ 学生下一步要合作做什么?

→ 学生下一步要独立做什么?

结束语

最后,我们必须清楚地认识到自己在课堂上做的决定带来的影响。从根据课堂的实际情况来调整有效学习原理和实践,到直接向学生教授策略,这些我们正在做的事情如果能让学习更进一步,我们就必须坚持下去。但在此过程中,我们必须为学生创造一个从扶到放的学习环境。当一学期或一学年结束,学生感到迷茫而我们又不在他们身边时。他们会知道怎么做吗?这是学习"如何学习"的意义所在。

参考文献

Abbott, E. E. (1909). On the analysis of the factors of recall in the learning process. *Psychological Monographs, 11,* 159–177.

Almarode, J., Fisher, D., Thunder, K., & Frey, N. (2021). *The success criteria playbook. A hands-on guide to making learning visible and measurable.* Corwin.

Bean, T. W., & Steenwyk, F. L. (1984). The effect of three forms of summarization instruction on sixth graders'summary writing and comprehension. *Journal of Reading Behavior, 16(4)*, 297–306.

Bjork, R. A. (1975). *Retrieval as a memory modifier: An interpretation of negative recency and related phenomena.* In Information processing and cognition: The Loyola Symposium.

Blackburn, B. R. (2018). *Rigor is not a four-letter word.* Routledge.

Bretzing, B. H., & Kulhavy, R. W. (1979). Notetaking and depth of processing. *Contemporary Educational Psychology, 4(2)*, 145–153.

Brookhart, S. M. (2008). *How to give effective feedback to your students.* ASCD.

Chew, S. L., & Cerbin, W. J. (2020). The cognitive challenges of effective teaching. *Journal of Economic Education, 52(1)*, 17–40.

Dekker, S., Lee, N. C., Howard-Jones, P., & Jolles, J. (2012). Neuromyths in education: Prevalence and predictors of misconceptions among teachers. *Frontiers in Psychology, 3(429),* 1–8.

Desender, K., Beurms, S., & Van den Bussche, E. (2016). Is mental effort exertion contagious? *Psychonomic Bulletin & Review, 23(2)*, 624–631.

Doctorow, M., Wittrock, M. C., & Marks, C. (1978). Generative processes in reading comprehension. *Journal of Educational Psychology, 70(2)*, 109–118.

Doran, G. T. (1981). There's a S.M.A.R.T. way to write management's goals and objectives. *Management Review, 70(11)*, 35–36.

Ericsson, K. A., Krampe, R. T., & Tesch-Romer, C. (1993). The role of deliberate practice in the acquisition of expert performance. *Psychological Review, 100(3)*, 363–406.

Ericsson, K. A., & Pool, R. (2016). *Peak: Secrets from the new science of expertise.* Houghton Mifflin Harcourt.

Fiorella, L., & Mayer, R. E. (2015). *Learning as a generative activity: Eight strategies that promote understanding.* Cambridge.

Fiorella, L., & Mayer, R. E. (2016). Eight ways to promote generative learning. *Educational Psychology Review, 28(4)*, 717–741.

Fisher, D., & Frey, N. (2018). Let's get jigsaw right. *Educational Leadership, 76(3)*, 82–83.

Fisher, D., & Frey, N. (2013). *Better learning through structured teaching: A framework for the gradual release of responsibility* (2nd ed.). ASCD.

Fisher, D., Frey, N., Almarode, J., Flories, K., & Nagel, D. (2020). *PLC+: Better decisions and greater impact by design.* Corwin.

Fisher, D., Frey, N., Hattie, J., & Flores, K. (2019). *Learner's notebook: Becoming an assessment-capable visible learner.* Corwin.

Frey, N., Hattie, J., & Fisher, D. (2018). *Developing assessment capable visible learners.* Corwin.

Hattie, J. (2012). *Visible learning for teachers: Maximizing impact on learning.* Routledge.

Hattie, J., Fisher, D., Frey, N., Gojak, L. M., Moore, S. D., & Mellman, W. (2017). *Visible learning for mathematics, grades K–12: What works best to optimize student learning.* Corwin.

Kapur, M. (2008). Productive failure. *Cognition and Instruction, 26(3)*, 379–424.

Kapur, M. (2014). Productive failure in learning math. *Cognitive Science: A Multidisciplinary Journal, 38(5)*, 1008–1022.

The Learning Center, University of North Carolina, Chapel Hill. (n.d.). *Concept maps.*

https://learningcenter.unc.edu/ tips-and-tools/using-concept-maps

Lorenz, R. (2020). Maunder's work on planetary habitability in 1913: Early use of the term "Habitable Zone"and a"Drake Equation" calculation. *Research Notes of the American Astronomical Society, 4(6)*, 79.

Mayer, R. E. (2011). *Applying the science of learning*. Pearson.

McCabe, D. P., & Castel, A. D. (2008). Seeing is believing: The effect of brain images on judgments of scientific reasoning. *Cognition, 107(1)*, 343–352.

Medina, J. (2014). *Brain rules: 12 principles for surviving and thriving at work, home and school*. Pear Press.

Merriam-Webster.(2021a).*Chance.Merriam-Webster.com*.https://www.merriam-webster.com/ dictionary/chance

Merriam-Webster.(2021b).*Design.Merriam-Webster.com*.https://www.merriam-webster.com/ dictionary/design

Merriam-Webster.(2021c).*Feedback.Merriam-Webster.com*.https://www.merriam-webster.com/ dictionary/feedback

Merriam-Webster.(2021d).*Playbook.Merriam-Webster.com*.https://www.merriam-webster.com/ dictionary/playbook

National Council of Teachers of Mathematics. (2014). *Principles to actions: Ensuring mathematical success for all*. Author.

National Governors Association Center for Best Practices, Council of Chief State School Officers. (2010). *Common core state standards for mathematics*. Author.

NGSS Lead States. (2013). *Next generation science standards: For states, by states*. National Academies Press.

Ormrod, J. E. (2011). *Educational psychology: Developing learners* (7th ed.). Pearson.

Pressley, M., McDaniel, M. A., Turnure, J. E., Wood, E., & Ahmad, M. (1987). Generation and precision of elaboration: Effects on intentional and incidental learning. *Journal of Experimental Psychology, 13(2)*, 291–300.

Rickards, F., Hattie, J., & Reid, C. (2021). *The turning point for the teaching profession: Growing expertise and evaluative thinking*. Routledge.

Roediger, H. L., & Karpicke, J. D. (2006). The power of testing memory: Basic research and implications for educational practice. *Perspectives on Psychological Science, 1(3)*, 181–210.

Schunk, D. (2019). *Learning theories: An educational perspective* (8th ed.). Pearson.

Seidenberg, M., & Farry-Thorn, M. (2020). *Some context on content. Reading matters. Connecting science and education.* https://seidenbergreading.net/2020/09/10/some-contexton-context/? elementor-preview=3722&ver=1599753685#Footnotes

Simons, D. J., & Chabris, C. F. (1999). Gorillas in our midst: Sustained in attentional blindness for dynamic events. *Perception, 28(9)*, 1059–1074.

Smith, M. A., & Karpicke, J. D. (2014). Retrieval practice with short-answer, multiple-choice, and hybrid tests. *Memory, 22(7),* 784–802.

Sweeney, D., & Harris, L. S. (2016). *Student-centered coaching: The moves*. Corwin.

Sweller, J., van Merrienboer, J. J. G., & Paas, F. G. W. C. (1998). Cognitive architecture and instructional design. *Educational Psychology Review, 10(3)*, 251–296.

Virginia Department of Education. (2016). *World history and geography to 1500 A.D. (C.E.) history and social science standards of learning*. Author.

Virginia Department of Education. (2020). *Visual arts standard of learning for Virginia public schools*. Author.

Visible Learning Meta[X].(2021, January). https://www.visiblelearningmetax.com

致 谢

Corwin 出版社对下列评审专家表示诚挚的谢意：

迪卡尔布县学区中小学英语教学协调员林恩·安格斯·拉莫斯（Lynn Angus Ramos）博士

合作探究中心教育顾问艾米·科尔顿（Amy Colton）

译后记

本书的亮点与特色是将学习科学的最新研究成果转化为课堂上可以应用的各种原理与实践，同时提供了多种学习策略，以最大限度地提升学习效果。

本书作者一开始就亮出了鲜明的观点：学习不是碰运气，而是靠设计。设计意味着你在还没有出发之前，就要搞清楚自己想到哪里去，为什么要到那里，怎么到那里，最后有没有到达想去的地方。

这就让我想起了有一阵子关于学习（教学）是要"生成"还是要"预设"的讨论。赞成"生成"者无非是想强调学习的动态性、灵活性和条件性等因素，所以将"预设"作为假想敌来抨击。其实"预设"就是"设计"，而且不是一般的设计，是系统化设计，既要着眼于整体，有大格局，又要落实细节，有慢功夫。可以这么说，预设越精细，生成才越自由。所以，本书反复强调的学习质量或者成功来自教学设计，这在推动教育高质量发展的今天有其现实价值。

本书介绍了学生如何学习的科学，并将其转化为有效学习原理和实践，供教师在课堂上实施或学生自己在学习的过程中应用。本书的编写体例和结构切实体现了作者的核心理念——不是碰运气，而是靠设计。设计促进学习，设计达成优质。

本书的第一部分主要讨论的内容有：学习是什么——是碰运气还是靠设计；知识的三种类型——陈述性知识、程序性知识和条件性知识；学习的三种机制——获取知识、巩固知识和储存知识；破除学习的种种认识误区或者迷思，树立真正的学习科学观——向科学要质量和效益。

本书第二部分提出了七条有效学习原理。作者认为应用这些原理的学生可以鹏程万里、前景绚烂和大有可为，所以称之为"promising principles"。七条有效学习原理是激发动机、集中注意、精细编码、提取和练习（间隔练习、交错练习）、认知负荷、积极困境和及时反馈。有些原理可能其他书也阐述过，但本书作者在新的条件下进行了重新解说。

本书第三部分总结了六条开展直接策略教学的原理——确立目标、整合旧知、总结归纳、绘制图示、自我检测和精细询问。

本书第四部分讨论了如何在课堂上生成和收集证据，以持续改进教学。

本书在阐述学习的科学观、七条有效学习原理和培养自我调节学习者需要了解的六条直接策略教学原理时，特别重视先扶后放、有扶有放和扶后放手的现代教学观，即"扶放有度""扶放精准"的教学观。本书提供的定义界说、案例说明、观点论证、前后照应、实施准备、实施过程、综合思考、梯级练习、检查理解和及时反馈等体例，不仅探讨了"学习是如何发生的"，同时也绝妙地展示了"教学是如何发生的"。

本书引进了当代学习科学与教学设计中受到广泛关注和实践应用的新模式，如"生成学习模型""认知负荷理论""扶放有度教学"等。其丰富的资源支持能够帮助教师将学习科学的研究结果转化为课堂实践，提供了教师进行教学设计需要的各种学习经验。

本书通俗易懂，用表格、图示、练习方框的形式强化阅读效果。本书的原书名有一个重要的词"playbook"，它是一种"教程"，但同时也可以看作一个"剧本"、一份"攻略"、一套"图解"。所以，本书阅读起来让人感觉很接地气。本书特别适合教师专业发展的培训、读书会，以及家长和个人自学。

本书由杭州蔚来教育科技有限公司 CEO 邢天骄负责翻译前言、第一部分和第二部分，由浙江大学教育学院何珊云副教授负责翻译第三部分和第四部分。浙江大学教育学院学生吴上好（模块 12—14）、周佳雯（模块 15—16）和黄玥（模块 17—19）参加了初稿翻译。浙江大学教育学院盛群力教授负责全书翻译策划和审订。

衷心感谢源创图书的青睐，感谢中国人民大学出版社将本书列入出版计划！衷心感谢泮颖雯、郭晓娜编辑。

本书翻译中有差错的地方，请读者朋友批评指正。

盛群力

图书在版编目（CIP）数据

学生是如何学习的：从学习科学到高效教学 /（美）约翰·阿尔马洛德（John Almarode），（美）道格拉斯·费希尔（Douglas Fisher），（美）南希·弗雷（Nancy Frey）著；邢天骄等译 . -- 北京：中国人民大学出版社，2024.6 . --（走进学习科学丛书 / 盛群力主编）. -- ISBN 978 - 7 - 300 - 32908 - 6

Ⅰ . G791

中国国家版本馆 CIP 数据核字第 2024HF8357 号

著作权合同登记号
图字：01-2022-1689 号

走进学习科学丛书

盛群力 主编 邢天骄 副主编

学生是如何学习的：从学习科学到高效教学

[美] 约翰·阿尔马洛德 道格拉斯·费希尔 南希·弗雷 著

邢天骄 何珊云 等译 盛群力 审订

Xuesheng Shi Ruhe Xuexi de: Cong Xuexi Kexue Dao Gaoxiao Jiaoxue

出版发行	中国人民大学出版社		
社 址	北京中关村大街 31 号	**邮政编码**	100080
电 话	010 - 62511242（总编室）	010 - 62511770（质管部）	
	010 - 82501766（邮购部）	010 - 62514148（门市部）	
	010 - 62515195（发行公司）	010 - 62515275（盗版举报）	
网 址	http://www.crup.com.cn		
经 销	新华书店		
印 刷	北京华宇信诺印刷有限公司		
开 本	787 mm × 1092 mm 1/16	**版 次**	2024 年 6 月第 1 版
印 张	15.75 插页 1	**印 次**	2025 年 6 月第 4 次印刷
字 数	185 000	**定 价**	79.80 元